바로보인

전등록 傳燈錄

1

농선 대원 역저

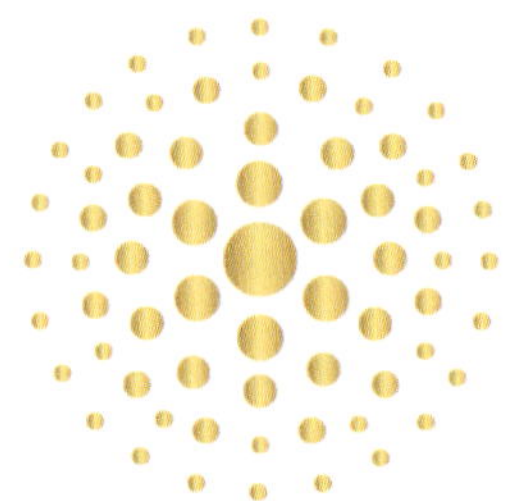

이 원상은 농선 대원 선사님께서 직접 그리신 것으로 모든 불성이 서로 상즉해 공존하는 원리를 담은 것이다.

선 심(禪心)

누리 삼킨 참나를
낙화(落花)로 자각(自覺)
떨어지는 물소리로 웃고 가는 길
돌에서 꽃에서도 님이 맞는다

정맥 선원의 문젠 마크는 농선 대원 선사님께서 마음을 상징하는 달(moon)과 그 마음을 깨달아 마음이 내가 된 삶인 선(zen)을 평화의 상징인 비둘기로 형상화하신 것이다.

교조 석가모니 부처님과
부처님으로부터 직계로 내려온
불조정맥 78대 조사들의
진영과 전법게

불조정맥

불조정맥이란 석가모니 부처님으로부터 현 78대 조사에 이르기까지 스승에게 깨달음의 인증인 인가를 받아 법을 전하라는 부촉을 받은 전법선사의 맥이다. 여기에 실린 불조진영과 전법게는 농선 대원 선사님께서 다년간 수집 정리하여 기도와 관조 끝에 완성하여 수립하신 것이다. 각 선사의 진영과 함께 실린 전법게는 스승으로부터 직접 전해 받은 게송이다. 단, 석가모니 부처님 진영에 실린 게송은 석가모니 부처님의 게송이다.

교조 석가모니 부처님

환화라고 하는 것 근본 없어 생긴 적도 없어서	幻化無因亦無生
모두가 스스로 이러-해서 본다 함도 이러-하네	皆則自然見如是
모든 법도 스스로 화한 남, 아닌 것이 없어서	諸法無非自化生
환화라 하지만 남이 없어 두려워할 것도 없네	幻化無生無所畏

제1조 마하가섭 존자

법이라는 본래 법엔 법이랄 것 없으나	法本法無法
법이랄 것 없다는 법, 그 또한 법이라	無法法亦法
이제 법이랄 것 없음을 전해줌에	今付無法時
법이라는 법인들 그 어찌 법이랴	法法何曾法

제2조 아난다 존자

법이란 법 본래의 법이라	法法本來法
법도 없고 법 아님도 없으니	無法無非法
어떻게 온통인 법 가운데	何於一法中
법 있으며 법 아닌 것 있으랴	有法有非法

제3조 상나화수 존자

본래의 법 전함이 있다 하나	本來付有法
전한 말에 법이랄 것 없다 했네	付了言無法
각자가 스스로 깨달으라	各各須自悟
깨달으면 법 없음도 없다네	悟了無無法

제4조 우바국다 존자

법 아니고 마음도 아니어서	非法亦非心
맘이랄 것, 법이랄 것 없나니	無心亦無法
마음이다, 법이다 설할 때는	說是心法時
그 법은 마음법이 아니로다	是法非心法

제5조 제다가 존자

마음이란 스스로인 본래의 마음이니	心自本來心
본래의 마음에는 법 있는 것 아니로다	本心非有法
본래의 마음 있고 법이란 것 있다 하면	有法有本心
마음도 아니요 본래 법도 아니로다	非心非本法

제6조 미차가 존자

본래의 마음법을 통달하면	通達本心法
법도 없고, 법 아님도 없도다	無法無非法
깨달으면 깨닫기 전과 같아	悟了同未悟
마음이니, 법이니 할 것 없네	無心亦無法

제7조 바수밀 존자

맘이랄 것 없으면 얻음도 없어서	無心無可得
설함에 법이라 이름할 것도 없네	說得不名法
만약에 맘이라 하면 마음 아님 깨달으면	若了心非心
비로소 마음인 마음법 안다 하리	始解心心法

제8조 불타난제 존자

가없는 마음으로	心同虛空界
가없는 법 보이니	示等虛空法
가없음을 증득하면	證得虛空時
옳고 그른 법이 없다	無是無非法

제9조 복타밀다 존자

허공이 안팎 없듯	虛空無內外
마음법도 그러하다	心法亦如此
허공이치 요달하면	若了虛空故
진여이치 통달하네	是達眞如理

제10조 파율습박(협) 존자

진리란 본래에 이름할 수 없으나	眞理本無名
이름에 의하여 진리를 나타내니	因名顯眞理
받아 얻은 진실한 법이라고 하는 것	受得眞實法
진실도 아니요, 거짓도 아니로세	非眞亦非僞

제11조 부나야사 존자

참된 몸 스스로 이러-히 참다우니 眞體自然眞
참됨을 설함으로 인해 진리란 것 있다 하나 因眞說有理
참답게 참된 법을 깨달아 얻으면 領得眞眞法
베풀 것도 없으며 그칠 것도 없다네 無行亦無止

제12조 아나보리(마명) 존자

미혹과 깨침이란 숨음과 드러남 같다 하나 迷悟如隱顯
밝음과 어둠이 서로가 여윌 수 없는 걸세 明暗不相離
이제 숨음이 드러난 법 부촉한다지만 今付隱顯法
하나도 아니요, 둘도 또한 아니로세 非一亦非二

제13조 가비마라 존자

숨었느니 드러났느니 하지만 본래의 법에는 隱顯卽本法
밝음과 어두움이 원래에 둘 아니라 明暗元不二
깨달아 마친 법을 전한다고 하지만 今付悟了法
취함도 아니요, 여읨도 아니로세 非取亦非離

제14조 나가르주나(용수) 존자

숨을 수도, 드러날 수도 없는 법이라 함 非隱非顯法
이것이 참다운 실제를 말함이니 說是眞實際
숨음이 드러난 법 깨달았다 하나 悟此隱顯法
어리석음도 아니요 지혜로움도 아니로다 非愚亦非智

제15조 가나제바 존자

숨었느니 드러났느니 하면 법에 밝다 하랴 爲明隱顯法
밝게 해탈의 이치를 설하려면 方說解脫理
저 법에 증득한 바도 없는 마음이어야 하니 於法心不證
성낼 것도 없으며 기쁠 것도 없다네 無嗔亦無喜

제16조　라후라타 존자

본래에 법을 전할 사람 대해	本對傳法人
해탈의 진리를 설하나	爲說解脫理
법엔 실로 증득한 바 없어서	於法實無證
마침도 비롯함도 없느니라	無終亦無始

제17조　승가난제 존자

법에는 진실로 증득한 바 없어서	於法實無證
취함도 없으며 여읨도 없느니라	不取亦不離
법에는 있다거나 없다는 상도 없거늘	法非有無相
안이니 밖이니 어떻게 일으키리	內外云何起

제18조　가야사다 존자

맘 바탕엔 본래에 남 없거늘	心地本無生
바탕의 인, 연을 좇아 일으키나	因地從緣起
연과 종자 서로가 방해 없어	緣種不相妨
꽃과 열매 그 또한 그러하네	華果亦復爾

제19조　구마라다 존자

마음의 바탕에 지닌 종자 있음에	有種有心地
인과 연이 능히 싹 나게 하지만	因緣能發萌
저 연에 서로가 걸림이 없어서	於緣不相礙
마땅히 난다 해도 남이 남 아니로세	當生生不生

제20조　사야다 존자

성품에는 본래에 남 없건만	性上本無生
구하는 사람 대해 설할 뿐	爲對求人說
법에는 얻은 바 없거늘	於法旣無得
어찌 깨닫고, 깨닫지 못함을 둘 것인가	何懷決不決

제21조 바수반두 존자

말 떨어지자마자 무생에 계합하면 言下合無生
저 법계와 성품이 함께 하리니 同於法界性
만일 능히 이와 같이 깨친다면 若能如是解
궁극의 이변 사변 통달하리 通達事理竟

제22조 마노라 존자

물거품과 환 같아 걸릴 것도 없거늘 泡幻同無礙
어찌하여 깨달아 마치지 못했다 하는가 如何不了悟
그 가운데 있는 법을 통달하면 達法在其中
지금도 아니요, 옛 또한 아니니라 非今亦非古

제23조 학륵나 존자

마음이 만 경계를 따라서 구르나 心隨萬境轉
구르는 곳마다 실로 능히 그윽함에 轉處實能幽
성품을 깨달아서 흐름을 따르면 隨流認得性
기쁠 것도 없으며 근심할 것도 없네 無喜亦無憂

제24조 사자보리 존자

마음의 성품을 깨달음에 認得心性時
사의할 수 없다고 말하나니 可說不思議
깨달아 마쳐서는 얻음 없어 了了無可得
깨달아선 깨달았다 할 것 없네 得時不說知

제25조 바사사다 존자

깨달음의 지혜를 바르게 설할 때에 正說知見時
깨달음의 지혜란 이 마음에 갖춘 바라 知見俱是心
지금의 마음이 곧 깨달음의 지혜요 當心卽知見
깨달음의 지혜가 곧 지금의 함일세 知見卽于今

제26조 불여밀다 존자

성인이 말하는 지견은	聖人說知見
경계를 맞아서 시비 없네	當境無是非
나 이제 참성품 깨달음에	我今悟眞性
도랄 것도, 이치랄 것도 없네	無道亦無理

제27조 반야다라 존자

맘 바탕에 참성품 갖췄으나	眞性心地藏
머리도, 꼬리도 없으니	無頭亦無尾
인연 응해 만물을 교화함을	應緣而化物
지혜라고 하는 것도 방편일세	方便呼爲智

제28조 보리달마 존자

마음에서 모든 종자 냄이여	心地生諸種
일(事)로 인해 다시 이치 나느니라	因事復生理
두렷이 보리과가 원만하니	果滿菩提圓
세계를 일으키는 꽃 피우리	華開世界起

제29조 신광 혜가 대사

내가 본래 이 땅에 온 것은	吾本來此土
법을 전해 중생을 구함일세	傳法救迷情
한 송이에 다섯 꽃잎 피리니	一花開五葉
열매 맺음 자연히 이뤄지리	結果自然成

제30조 감지 승찬 대사

본래의 바탕에 연 있으면	本來緣有地
바탕의 인에서 종자 나서 꽃핀다 하나	因地種華生
본래엔 종자가 있은 적도 없어서	本來無有種
꽃핀 적도 없으며 난 적도 없다네	華亦不曾生

제31조　대의 도신 대사

꽃과 종자 바탕으로 인하니	華種雖因地
바탕을 좇아서 종자와 꽃을 내나	從地種華生
만약에 사람이 종자 내림 없으면	若無人下種
남 없어 바탕에 꽃핀 적도 없다 하리	華地盡無生

제32조　대만 홍인 대사

꽃과 종자 성품에서 남이라	華種有生性
바탕으로 인해서 나고 꽃피우니	因地華生生
큰 연과 성품이 일치하면	大緣與性合
그 남은 나도 남 아니로세	當生生不生

제33조　대감 혜능 대사

정 있어 종자를 내림에	有情來下種
바탕 인해 결과 내어 영위하나	因地果還生
정이랄 것도 없고 종자랄 것도 없어서	無情旣無種
만물의 근원인 도의 성품엔 또한 남도 없네	無性亦無生

제34조　남악 회양 전법선사

마음의 바탕에 모든 종자 머금어져	心地含諸種
널리 비 내림에 모두 다 싹트도다	普雨悉皆生
단박에 깨달아 정을 다한 꽃피움에	頓悟華情已
보리의 과위가 스스로 이뤄졌네	菩提果自成

제35조　마조 도일 전법선사

마음의 바탕에 모든 종자 머금어져	心地含諸種
비와 이슬 만남에 모두 다 싹이 트나	遇澤悉皆萌
삼매의 꽃핌이라 형상이 없거늘	三昧華無相
무엇이 무너지고 무엇이 이뤄지랴	何壞復何成

제36조 백장 회해 전법선사

마음 외에 본래에 다른 법이 없거늘 心外本無法
부촉함이 있다 하면 마음법이 아닐세 有付非心法
원래에 마음법 없음을 깨달은 既知非法心
이러-한 마음법을 그대에게 부촉하네 如是付心法

제37조 황벽 희운 전법선사

본래에 말로는 부촉할 수 없는 것을 本無言語囑
억지로 마음의 법이라 전함이니 强以心法傳
그대가 원래에 받아 지닌 그 법을 汝既受持法
마음의 법이라고 다시 어찌 말하랴 心法更何言

제38조 임제 의현 전법선사

마음의 법 있으면 병이 있고 病時心法在
마음의 법 없으면 병도 없네 不病心法無
내 부촉한 마음의 법에는 吾所付心法
마음의 법 있는 것 아니로세 不在心法途

제39조 흥화 존장 전법선사

지극한 도는 간택함이 없으니 至道無揀擇
본래의 마음이라 향하고 등짐이 없느니라 本心無向背
이 같음을 감당해 이으려는가? 便如此承當
봄바람에 곤한 잠을 더하누나 春風增瞌睡

제40조 남원 혜옹 전법선사

대도는 온통 맘에 있다지만 大道全在心
맘에 구함 있으면 그르치네 亦非在心求
그대에게 부촉한 자심의 도에는 付汝自心道
기쁨도 근심도 없느니라 無喜亦無憂

제41조 풍혈 연소 전법선사

나 이제 법 없음을 말하노니 我今無法說
말한 바가 모두 다 법 아니라 所說皆非法
법 없는 법 지금에 부촉하니 今付無法法
이 법에도 머무르지 말아라 不可住于法

제42조 수산 성념 전법선사

말한 적도 없어야 참법이니 無說是眞法
이 말함은 원래에 말함 없네 其說元無說
나 이제 말한 적도 없을 때 我今無說時
말함이라 말한들 말함이랴 說說何曾說

제43조 분양 선소 전법선사

예로부터 말함 없음 부촉했고 自古付無說
지금의 나 또한 말함 없네 我今亦無說
다만 이 말함 없는 마음을 只此無說心
모든 부처 다 같이 말한 바네 諸佛所共說

제44조 자명 초원 전법선사

허공이 형상이 없다 하나 虛空無形像
형상도, 허공도 아닐세 形像非虛空
내 부촉한 마음의 법이란 我所付心法
공도 공한 공이어서 공 아닐세 空空空不空

제45조 양기 방회 전법선사

허공이 면목이 없듯이 虛空無面目
마음의 상 또한 이와 같네 心相亦如然
곧 이렇게 비고 빈 마음을 卽此虛空心
높은 중에 높다고 하는 걸세 可稱天中天

제46조 백운 수단 전법선사

마음의 본체가 허공같아	心體如虛空
법 또한 허공처럼 두루하네	法亦遍虛空
허공 같은 이치를 증득하면	證得虛空理
법도 아니요, 공한 맘도 아니로세	非法非心空

제47조 오조 법연 전법선사

도에는 나라는 나 원래 없고	道我元無我
도에는 맘이란 맘 원래 없네	道心元無心
오직 이 나라 함도 없는 법으로	唯此無我法
나라 함 없는 맘에 일체하네	相契無我心

제48조 원오 극근 전법선사

참나에는 본래에 맘이랄 것 없으며	眞我本無心
참마음엔 역시나 나랄 것 없으나	眞心亦無我
이러-히 참답게 참마음에 일체되면	契此眞眞心
나를 나라 한들 어찌 거듭된 나겠는가	我我何曾我

제49조 호구 소륭 전법선사

도 얻으면 자재한 마음이고	得道心自在
도 얻지 못하면 근심이라 하나	不得道憂惱
본래의 마음의 도 부촉함에	付汝自心道
기쁨도, 근심도 없느니라	無喜亦無惱

제50조 응암 담화 전법선사

맑던 하늘 구름 덮인 하늘 되고	天晴雲在天
비 오더니 젖어있는 땅일세	雨落濕在地
비밀히 마음을 부촉함이여	秘密付與心
마음법이란 다만 이것일세	心法只這是

제51조 밀암 함걸 전법선사

부처님은 눈으로써 별을 보고	佛用眼觀星
난 귀로써 소리를 들었도다	我用耳聽聲
나의 함이 부처님의 함과 같아	我用與佛用
내 밝음이 그대의 밝음일세	我明汝亦明

제52조 파암 조선 전법선사

부처와 더불어 중생의 보는 것이	佛與衆生見
원래 근본 부처인데 금 그은들 바뀌랴	元本佛隔線
그대에게 부촉한 본연의 마음법에는	付汝自心法
깨닫고 깨닫지 못함도 없느니라	非見非不見

제53조 무준 사범 전법선사

내가 만약 봄이 없다 할 때에	我若不見時
그대 응당 봄이 없이 보아라	汝應不見見
봄에 봄 없어야 본연의 봄이니	見見非自見
본연의 마음이 언제나 드러났네	自心常顯現

제54조 설암 혜랑 전법선사

진리는 곧기가 거문고줄 같다는데	眞理直如絃
어떻게 침묵이나 말로 다시 할 것인가	何默更何言
나 이제 그대에게 공교롭게 부촉하니	我今善付囑
밝힌 마음 본래에 얻음이 없는 걸세	表心本無得

제55조 급암 종신 전법선사

사람에겐 미혹하고 깨달음이 본래 없는데	本無迷悟人
미했느니 깨쳤느니 제 스스로 분별하네	迷悟自家計
젊어서 깨달았다 말이나 한다면	記得少壯時
늙어서까지라도 깨닫지 못할 걸세	而今不覺老

제56조　석옥 청공 전법선사

이 마음이 지극히 광대하여　此心極廣大
허공에 비할 수도 없다네　虛空比不得
이 도는 다만 오직 이러-하니　此道只如是
밖으로 찾음 쉬어 받아 지녔네　受持休外覓

제57조　태고 보우 전법선사

지극히 큰 이것인 이 마음과　至大是此心
지극히 성스러운 이것인 이 법이라　至聖是此法
등불과 등불의 광명처럼 나뉨 없음　燈燈光不差
이 마음 스스로가 통달해 마침일세　了此心自達

제58조　환암 혼수 전법선사

마음 중의 본연의 마음과　心中有自心
법 중의 지극한 법을　法中有至法
내가 지금 부촉한다 하나　我今可付囑
마음법엔 마음법이라 함도 없네　心法無心法

제59조　구곡 각운 전법선사

온통인 도, 마음의 광명이라 할 것도 없으나　一道不心光
과거, 현재, 미래와 시방을 밝힘일세　三際十方明
어떻게 지극히 분명한 이 가운데　何於明白中
밝음과 밝지 않음 있다고 하리오　有明有不明

제60조　벽계 정심 전법선사

나 지금 법 없음을 부촉하고　我無法可付
그대는 무심으로 받는다 하나　汝無心可受
전함 없고 받음 없는 맘이라면　無付無受心
누구라도 성취하지 못했다 하랴　何人不成就

제61조 벽송 지엄 전법선사

마음이 곧 깨달음의 마음이요	心卽能知心
법이 곧 깨달음의 법이라	法卽可知法
마음법을 마음법이라 전한다면	法心付法心
마음도, 법도 아닐세	非心亦非法

제62조 부용 영관 전법선사

조사와 조사가 법 없음을 부촉한다 하나	祖祖無法付
사람과 사람마다 본래 스스로 지님일세	人人本自有
그대는 부촉함도 없는 법을 받아서	汝受無付法
긴요히 뒷날에 전하도록 하여라	急着傳於後

제63조 청허 휴정 전법선사

참성품은 본래에 성품이라 할 것 없고	眞性本無性
참법은 본래에 법이라 할 것 없네	眞法本無法
법이니 성품이니 할 것 없음 깨달으면	了知無法性
어떠한 곳엔들 통달하지 못하랴	何處不通達

제64조 편양 언기 전법선사

법도 아니고 법 아님도 아니고	非法非非法
성품도 아니고 성품 아님도 아니며	非性非非性
마음도 아니고 마음 아님도 아님이	非心非非心
그대에게 부촉하는 궁극의 마음법일세	付汝心法竟

제65조 풍담 의심 전법선사

부처님이 전하신 꽃 드신 종지와	師傳拈花宗
내가 미소지어 보인 도리를	示我微笑法
친히 손수 그대에게 분부하니	親手分付汝
받들어 지녀 누리에 두루하게 하라	持奉遍塵刹

제66조 월담 설제 전법선사

깨달아선 깨달은 바 없으며	得本無所得
전해서는 전함 또한 없느니라	傳亦無可傳
전함도 없는 법을 부촉함이여	今付無傳法
동서가 온통한 하늘일세	東西共一天

제67조 환성 지안 전법선사

전하거나 받을 법이 없어서	無傳無受法
전하거나 받는다는 맘도 없네	無傳無受心
부촉하나 받은 바 없는 이여	付與無受者
허공의 힘줄마저 뽑아서 끊었도다	掣斷虛空筋

제68조 호암 체정 전법선사

연류에 따른 일단사여	沿流一段事
머리도 꼬리도 필경 없네	竟無頭與尾
사자새끼인 그대에게 부촉하니	付與獅子兒
사자후 천지에 가득케 하라	哨吼滿天地

제69조 청봉 거안 전법선사

서 가리켜 동에 그림이여	指西喚作東
풍악산의 뭇 봉우리로다	楓嶽山衆峰
불조의 이러한 법을	佛祖之此法
너에게 분부하노라	分付今日汝

제70조 율봉 청고 전법선사

머리도 꼬리도 없는 도리	無頭尾道理
오늘 그대에게 전해주니	今日傳授汝
이후로 보림을 잘 하여서	此後善保任
영원히 끊어짐이 없게 하라	永遠無斷絕

제71조 금허 법첨 전법선사

그믐날 근원에 돌아간다 말했으나	晦日豫言爲還元
법신에 그 어찌 가고 옴이 있으랴	法身何有去與來
푸른 하늘 해 있고, 못 가운데 연꽃일세	日在青天池中蓮
이 법을 분부하니 끊어짐이 없게 하라	此法分付無斷絶

제72조 용암 혜언 전법선사

'연꽃이 나왔다' 하여 보인 큰 도리를	示出蓮之大道理
다시 또 뜰 밑 나무 가리켜 보여서	復亦指示庭下樹
후일의 크고 큰일 그대에게 부촉하니	後日大事與咐囑
잘 지녀 보림하여 끊어짐 없게 하라	保任善持無斷絶

제73조 영월 봉율 전법선사

사느니 죽느니 이 무슨 말들인고	生也死也是何言
물밭엔 연꽃이고 하늘엔 해일세	水田蓮花在天日
가없이 이러-해서 감출 수 없이 드러남	無邊無藏露如是
오늘 네게 분부하니 끊어짐 없게 하라	今日分付無斷絶

제74조 만화 보선 전법선사

봄산과 뜬구름을 동시에 보아라	春山浮雲觀同時
중생들의 이익될 바 그 가운데 있느니라	普益衆生在其中
이 가운데 도리를 이제 네게 부촉하니	此中道理今付汝
계승해 끊임없이 번성케 할지어다	繼承無斷爲繁盛

제75조 경허 성우 전법선사

하늘의 뜬구름이 누설한 그 도리를	浮雲漏泄其道理
오늘날 선자에게 부촉하여 주노니	今日咐囑與禪子
철저하게 보림하여 모범을 보임으로	保任徹底示模範
후세에 끊어짐이 없게 할 맘, 지니게나	後世無斷爲持心

제76조　만공 월면 전법선사

구름과 달, 산과 계곡이라, 곳곳에서 같음이여	雲月溪山處處同
선가의 나의 제자 수산의 큰 가풍일세	叟山禪子大家風
은근히 무문인을 그대에게 분부하니	慇懃分付無文印
이 기틀의 방편이 활안 중에 있노라	一段機權活眼中

제77조　전강 영신 전법선사

불조도 전한 바 없어서	佛祖未曾傳
나 또한 얻은 바 없음을…	我亦無所得
가을빛 저물어 가는 날에	此日秋色暮
뒷산의 원숭이가 울고 있네	猿嘯在後峰

제78대　농선 대원 전법선사

부처와 조사도 일찍이 전한 것이 아니거늘	佛祖未曾傳
나 또한 어찌 받았다 하며 준다 할 것인가	我亦何受授
이 법이 2천년대에 이르러서	此法二千年
널리 천하 사람을 제도하리라	廣度天下人

부처님으로부터 직계로 내려온 불조정맥 第78대 농선 대원 선사님

농선 대원 전법선사의 3대 서원

오로지 정법만을 깨닫기 서원합니다.

입을 열면 정법만을 설하기 서원합니다.

중생이 다하는 그날까지 교화하기 서원합니다.

성불사 국제정맥선원 대웅전

성불사 국제정맥선원은

농선 대원 선사님께서 주석하시는 곳으로

대원 선사님의 지도하에 비구스님들이

직접 지은 도량이다.

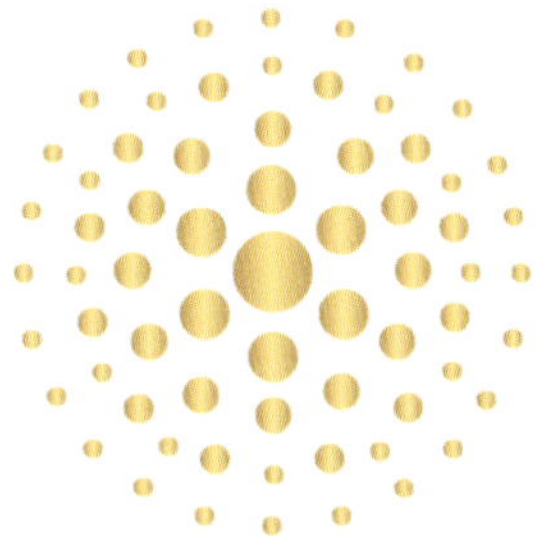

불교 8대 선언문

불교는 자신에게서 영생을 발견하게 한 유일한 종교이다.
불교는 자신에게서 모든 지혜를 발견하게 한 유일한 종교이다.
불교는 자신에게서 모든 능력을 발견하게 한 유일한 종교이다.
불교는 자신에게서 모든 것을 이루게 한 유일한 종교이다.
불교는 자신에게서 극락을 발견하게 한 유일한 종교이다.
불교는 깨달으면 차별 없어 평등하다는 유일한 종교이다.
불교는 모든 억압 없이 자신감을 갖게 한 유일한 종교이다.
불교는 그러므로 온 누리에 영원할 만인의 종교이다.

농선 대원 전법선사 주창

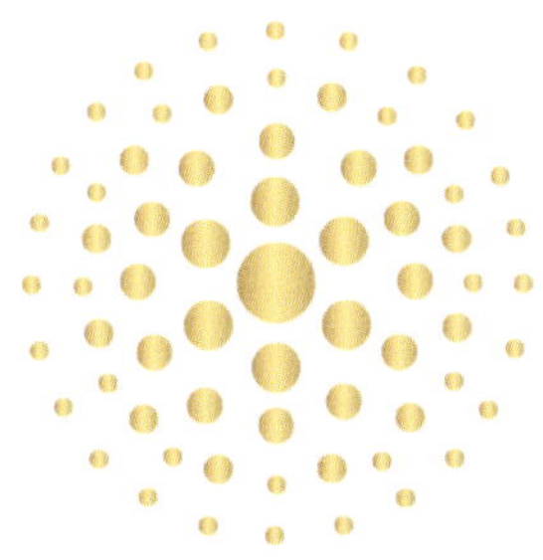

전세계의 불교계에서 통일시켜야 할 일

경전의 말씀대로 32상과 80종호를 갖춘 불상으로 통일해야 한다.

예불 드리는 법을 통일해야 한다.

불공의식을 통일해야 한다.

농선 대원 전법선사 주창

농선 대원 선사의 전등록 발간의 의의

선문(禪文)이란 말 밖의 말로 마음을 바로 가리켜 깨닫게 하여 그 깨달은 마음 바탕에서 닦아 불지(佛地)에 이르게 하는 문(門)이다. 그러기에 지식이나 알음알이로는 헤아려 알 수 없는 것이어서 깨달아 증득하여 일체종지(一切種智)를 이룬 이가 아니고는 그 요지를 바로 보아 이끌어 줄 수 없다.

지금 불교의 현실이 대본산 강원조차 이런 안목으로 이끌어 주는 선지식이 없어서 선종(禪宗) 최고의 공안집인 '전등록', '선문염송' 강의가 모두 폐강된 상황이다.

이에 대원 선사님께서는 불조(佛祖)의 요지가 말이나 글에 떨어져 생사해탈의 길이 단절되는 것을 염려하여 깨달음의 법을 선리(禪理)에 맞게 바로 잡는 역경 작업에 혼신을 다하고 계신다.

대원 선사님께서는 19세에 선운사 도솔암에서 활연대오한 후, 대선지식과의 법거량에서 한 치의 주저함도 없이 명쾌하게 응대하시니 당시 12대 선지식들께서 탄복해 마지않으셨다. 경봉 선사님과 조계종 지혜제일 전강 선사님과의 문답만을 보더라도 취모검과 같은 대원 선사님의 선지를 엿볼 수 있다.

맨 처음 통도사 경봉 선사님을 찾아뵈었을 때, 마침 늦가을 감나무에서 감을 따고 계신 경봉 선사님을 보자 감나무 주위를 한 번 돌고서 있으니, 경봉 선사님께서 물으셨다.

"어디서 왔는가?"

"호남에서 왔습니다."

"무엇을 공부했는가?"

"선을 공부했습니다."

"무엇이 선이냐?"

"감이 붉습니다."

"네가 불법을 아는가?"

"알면 불법이 아닙니다."

위의 문답이 있은 후 경봉 선사님께서는 해제 법문을 대원 선사님께 맡기셨으나 대원 선사님께서는 아직 그럴 때가 아니라 여겨져 그 이튿날인 해제일 새벽 직전에 통도사를 떠나와 버리셨다.

또 광주 동광사에서 처음 전강 선사님을 뵈었을 때, 20대 초면의 젊은 승려인 대원 선사님께 전강 선사님께서 대뜸 '달마불식 도리'를 일러보라 하셨다. 대원 선사님께서 아무 말없이 다가가 전강 선사님의 목에 있는 점 위의 털을 뽑아 버리고 종무소로 가니, 전강 선사님께서 "여기 사람 죽이는 놈이 있다."하며 종무소까지 따라오다 방장실로 돌아가셨다.

그 이후 대원 선사님께서 군산 은적사에서 전강 선사님을 시봉하며 모시고 계실 때, 전강 선사님께서 또 물으셨다.

"공적의 영지를 일러라."

"이러-히 스님과 대담합니다."

"영지의 공적을 일러라."

"스님과 대담에 이러-합니다."

"이러-한 경지를 일러라."

"명왕은 어상을 내리지 않고 천하일에 밝습니다."

대원 선사님의 답에 전강 선사님께서는 희색이 만면해서 고개를 끄덕이며 당신 처소로 돌아가셨다.

이에 그치지 않고 전강 선사님께서 대구 동화사 조실로 계실 때, 대원 선사님께 말씀하셨다.

"대중들이 자네를 산으로 불러내어 그 중에 법성(조계종 종정 진제 스님)이 달마불식 도리를 일러보라 했을 때 '드러났다'라고 답했다는데, 만약에 자네가 양무제였다면 '모르오'라고 이르고 있는 달마 대사에게 어떻게 했겠는가?"

"제가 양무제였다면 '성인이라 함도 설 수 없으나 이러-히 짐의 덕화와 함께 어우러짐이 더욱 좋지 않겠습니까?'하며 달마 대사의 손을 잡아 일으켰을 것입니다."

그러자 전강 선사님께서 탄복하며 말씀하셨다.

"어느새 그 경지에 이르렀는가?"

"이르렀다곤들 어찌하며 갖추었다곤들 어찌하며 본래라곤들 어찌하리까? 오직 이러-할 뿐인데 말입니다."

대원 선사님의 대답에 전강 선사님께서 크게 기뻐하셨다.

이와 같이 대원 선사님께서는 20대 초반에 이미 어떤 선지식의 물음에도 전광석화와 같이 답하셨으며 그 법을 씀이 새의 길처럼 흔적없는 가운데 자유자재하셨다.

깨달음의 방편에 있어서는 육조 대사께서 마주 앉은 자리에서 사람들을 깨닫게 하셨듯이, 제자들을 제접해 직지인심(直指人心)으로 스스로의 마음에 사무쳐 들게 하여 근기에 따라 보림해 갈 수 있도록 이끌어주시니, 꺼져가는 정법의 기치를 바로 일으켜 세움이라 하겠다.

또한 선지식이라면 이변(理邊)에서 뿐만이 아니라 사변(事邊)에서도 먼 안목으로 인류가 무엇을 어떻게 대비하며 살아가야 할지를 예언하고 이끌어 주어야 한다고 하셨다.

그래서 1962년부터 주창하시기를, 전 세계가 21세기를 '사막 경영의 시대'로 삼아 사막화된 지역에 '사막 해수로 사업'을 하여 원하는 지역의 기후를 조절해야 하고, 자원을 소모하는 발전소 대신 파도, 태양열, 풍력 등의 대체 에너지와 무한 원동기를 개발해야 한다고 하셨다. 또, 도로를 발전소화하여 전기를 생산하는 방법 등을 구체적으로 제안하시고, 천재지변을 대비하여 각자의 집에서 농사를 짓는 '울안의 농법'을 연구하시는 등 만인이 더 나은 삶을 살 수 있는 길을 끊임없이 일러 주고 계신다.

이와 같이 대원 선사님께서는 일체종지를 이룬 지혜로, '참나를 깨달아 마음이 내가 된 삶'을 위한 깨달음의 법으로부터 닥쳐오는 재난을 막고 지구를 가장 살기 좋은 세상으로 만드는 방편까지 늘 그 방향을 제시하고 계신다.

한편, 불교의 최고 경전인 '화엄경 81권'을 완간하여 불보살님의 불가사의한 화엄세계를 열어 보이셨으며, 선문 최대의 공안집인 '선문염송 30권' 1,463칙에 대하여 석가모니 부처님 이래 최초로 전 공안을 맑은 물 밑바닥 보듯이 회통쳐 출간하셨다.

이제 대원 선사님께서는 7불과 역대 조사들의 깨달음의 진수가 담긴 '전등록 30권'을 그런 혜안(慧眼)으로 조사마다 선리의 토끼뿔을 더해 닦아 증득할 수 있도록 밝혀 보이셨다. 그리하여 생사윤회길을 헤매는 중생들에게 해탈의 등불이 되고자 하셨으며, 불조(佛祖)의 정법이 후세에까지 끊어지지 않게 하여 부처님 은혜에 보답하고자 하셨다.

부처님 가신 지 오래 되어 정법은 약하고 삿된 법이 만연한 지금, 중생이 다하는 날까지 중생을 구제하기 서원하는 대원 선사님과 같은 명안종사(明眼宗師)가 계심은 불보살님의 자비광명이 이 땅에 두루한 은덕이라 하겠다.

바로보인 불법 ㊸

전등록 傳燈錄

1

도서출판 문젠(구, 바로보인)은 정맥선원에서 운영하고 있습니다.

* 인제산(人濟山) 성불사(成佛寺) 국제정맥선원
  경기도 포천시 내촌면 소리개길 86-178 ☎ 031-531-8805
* 인제산(人濟山) 이룬절 포천정맥선원
  경기도 포천시 내촌면 소리개길 86-123 ☎ 031-531-2433
* 백양산(白楊山) 자모사(慈母寺) 부산정맥선원
  부산시 동래구 아시아드대로 114번길 10 대륙코리아나 2층 212호 ☎ 051-503-6460
* 자모산(慈母山) 육조사(六祖寺) 청도정맥선원
  경북 청도군 매전면 동산리 산 50 ☎ 010-4543-2460
* 광암산(光巖山) 성도사(成道寺) 광주정맥선원
  광주광역시 광산구 삼도광암길 34 ☎ 062-944-4088
* 대통산(大通山) 대통사(大通寺) 해남정맥선원
  전남 해남군 화산면 송계길 132-98 중정마을 ☎ 061-536-6366

바로보인 불법 ㊸

전 등 록 1

초판 1쇄 펴낸날 단기 4354년, 불기 3048년, 서기 2021년 8월 30일

역 저 농선 대원 선사
펴 낸 곳 도서출판 문젠(Moonzen Press)
11192, 경기도 포천시 내촌면 소리개길 86-178
전화 031-534-3373 팩스 031-533-3387
신고번호 2010.11.24. 제2010-000004호

편집윤문출판 법심 최주희, 법운 정숙경
인디자인 전자출판 지일 박한재
표 지 글 씨 춘성 박선옥
인 쇄 북크림

도서출판문젠 www.moonzenpress.com
정 맥 선 원 www.zenparadise.com
사막화방지국제연대(IUPD) www.iupd.org

값 15,000원
ISBN 978-89-6870-601-1
ISBN 978-89-6870-600-4 04220(전30권)

서 문

전등록은 말 없는 말이며 말 밖의 말이라서 학식이나 재치만으로는 번역이 실로 불가능한 일이다. 그러기에 육조단경(六祖壇經)을 보면 법화경을 삼천 번이나 독송한 법달(法達)은 글 한 자 모르시는 육조(六祖)께 경의 뜻을 물었고, 글을 모르시는 육조께서는 법화경의 바른 뜻을 설파하셔서 법달을 깨닫게 하신 것이다.

그런데 하루는 본인에게 법을 물으러 다니시던 부산의 목원 하상욱 본연님이 오셔서 시중에 나온 전등록 번역본 두세 가지를 보이시며 범인인 당신에게도 부처님과 조사님들의 본래 뜻에 맞지 않는 대문이 군데군데 눈에 뜨인다며 바른 의역의 필요성을 절감한다고 하셨다. 그 후로 전등록 번역을 바로 해주십사 하는 간청이 지극하여 비록 단문하나 이 일을 시작하게 되었다.

부처님과 조사님들의 근본 뜻에 어긋남이 없게 하기 위해 노력하였으나 약속한 기간 내에 해내기란 실로 벅찬 일이어서 혹시 미비한 점이 없지 않으리니 강호 제현의 좋은 지적이 있기를 바란다.

불법(佛法)이란 본자연(本自然)이라 누가 설(說)하고 누가 듣고 배울 자리요만 그렇지 못한 이가 또한 있어서 부처님과 조사님들의 허물이 생기는 것이다.

어떤 것이 부처인고?
화분의 빨간 장미니라.

이 가운데 남전(南泉) 뜰꽃 도리(道理)며 한산(寒山) 습득(拾得)의 웃음을 누릴진저.

단기(檀紀) 4354년
불기(佛紀) 3048년
서기(西紀) 2021년

무등산인 농선 대원 분향근서
(無等山人 弄禪 大圓 焚香謹書)

양억(楊億)의 경덕전등록 서문

석가모니께서 일찍이 연등 부처님의 수기를 받아, 현겁(賢劫)의 보처(補處)가 되어 이 땅에 탄강하시고 법을 펴서 교화하시기가 49년이었으니 방편과 진리, 돈오(頓悟)와 점수(漸修)의 문호를 여시고, 헤아릴 수 없이 많은 다양한 교법을 내려 주셨다.

근기(根機)에 따라 진리를 깨닫게 하신 데서 삼승(三乘)의 차별이 생겼으니, 사물에 접하는 대로 중생을 이롭게 하여 한량없는 중생을 제도하셨다. 그 자비는 넓고 컸으며 그 법식(法式)은 두루 갖추어져 있었다.

쌍림(雙林)에서 열반에 드실 때 가섭(迦葉)에게만 유촉하신 것이 차츰 차츰 전하여 달마에 이르러서 비로소 문자를 세우지 않고 마음의 근원을 곧바로 보이게 되었으니, 차례를 밟지 않고 당장에 부처의 경지에 오르게 되어 다섯 잎[1]이 비로소 무성하고 천 개의 등불[2]이 더욱 찬란하여서, 보배 있는 곳에 이른 이는 더욱 많고, 법의 바퀴를 굴린 이도 하나가 아니었다.

부처님께서 부촉하신 종지와 정법안장(正法眼藏)이 유통되는 도리는 교리 밖에서 따로 행해지는 불가사의(不可思議)한 것이다.

태조(太祖)께서 거룩하신 무력으로 전란을 진압하신 뒤에 사찰을 숭상하여 제도의 문을 활짝 여셨고, 태종(太宗)께서 밝으신 변재로 비밀한 법을 찬술하시어 참된 이치를 높이셨으며, 황상(皇上)[3]께서 높으신 학덕으로 조사의 뜻을 이어 거룩한 가르침에 머릿말을 쓰셔 종풍(宗風)을 잇게 하시니, 구름 같은 문장이 진리의 하늘에 빛나고, 부처의 황금같은 설법

---

1) 다섯 잎 : 중국 선종의 2조 혜가로부터 6조 혜능에 이르는 다섯 조사를 말한다.
2) 천 개의 등불 : 중국에 선법(禪法)이 전해진 이후 등장한 수많은 견성도인들을 말한다.
3) 황상(皇上) : 송의 진종(眞宗)을 말한다.

이 깨달음의 동산에 펼쳐졌다.

대장경의 말씀에 비밀히 계합하고, 인도로부터의 법맥이 번창하니, 뭇 선행을 늘리는 이가 더욱 많아졌고, 요의(了義)[4]를 전하는 사람들이 간간이 나타나서 원돈(圓頓)의 교화가 이 지역에 퍼졌다.

이에 동오(東吳)의 승려인 도원(道原)이 선열(禪悅)의 경지에 마음을 모으고, 불법의 진리를 샅샅이 찾으며, 여러 세대의 조사 법맥을 찾고, 제방의 어록(語錄)을 모아 그 근원과 법맥에 차례를 달고, 말씀들을 차례차례 엮되, 과거 7불로부터 대법안(大法眼)의 문도에 이르기까지 무릇 52세대, 1,701인을 수록하여 30권으로 만들어 경덕전등록이라 하여 대궐로 가지고 와서 유포해 주기를 청하였다.

황상께서는 불법을 밖으로부터 보호하고자 하시고, 승려들의 부지런함을 가상히 여겨 마음가짐을 신중히 하고 생각을 원대히 하여 좌사간(左司諫) 지제고(知制誥) 양억(楊億)과 병부원외랑(兵部員外郎) 지제고(知制誥) 이유(李維)와 태상승(太常承) 왕서(王曙) 등을 불러 교정케 하시니, 신(臣) 등은 우매하여 삼학(三學)[5]의 근본 뜻을 모르고 5성(五性)[6]의 방편에 어두우며, 훌륭한 번역 솜씨도 없고, 비야리 성에서 보인 유마 거사의 묵연(默然) 도리[7]에도 둔하건만 공손히 지엄하신 하명(下命)을 받들어 감히 끝내 사양하지 못하였다.

그 저술된 내용을 두루 살펴보면 대체로 진공(眞空)[8]으로써 근본을 삼고 있고, 옛 성인께서 도에 들던 인연을 서술할 때나 옛 사람이 진리를 깨달은 이야기를 표현할 때엔 근기와 인연의 계합함이 마치 활쏘기와 칼쓰

---

4) 요의(了義) : 일을 다 마친 도리, 깨달아서 깨달음마저 두지 않는 경지를 말한다.

5) 삼학(三學) : 계(戒), 정(定), 혜(慧).

6) 5성(五性) : 법상종의 용어. 일체중생의 근기를 다섯 성품으로 나누어서 성불할 근기와 성불하지 못할 근기로 나누었다.

7) 유마 거사의 묵연 도리 : 유마 거사가 비야리성에서 그를 문병하러 온 문수보살과 법담을 할 때 잠자코 말이 없음으로 불이(不二)의 도리를 드러내 보인 일을 말한다.

8) 진공(眞空) : 색(色)이니 공(空)이니를 초월해서 누리는 경지.

기가 알맞는 것 같아 지혜가 갖추어진 데서 광명을 내어, 채찍 그림자만 보고도 달리는 말과 같은 상근기자(上根機者)들에게 널리 도움이 되고 있다.

후학(後學)들을 인도함에는 현묘한 진리를 드날리고 있고, 다른 이야기를 가져올 때에는 출처를 밝히고 있으며, 다듬어지지 않은 부분도 많으나 훌륭한 부분도 찾아볼 수 있었다. 모든 대사들이 대중에게 도리를 보일 때에 한결같은 소리로 펼쳐 보이고 있으니 영특한 이가 귀를 기울여 듣는다면 무수한 성인들이 증명한다 할 것이다. 개괄해서 들추어도 그것이 바탕이어서 한군데만 취해도 그대로가 옳다.

만일 별달리 더 붓을 댄다면 그 돌아갈 뜻을 잃을 것이다. 중국과 인도에서의 말이 이미 다르지 않은데 자칫하면 구슬에다 무늬를 새기려다 보배에 흠집을 낼 우려가 있기에, 이런 종류는 모두 그대로 두었다. 더욱이 일은 실제로 행한 것만을 취해 기록하여 틀림없이 잘 서술했으나 말이란 오래도록 남아 전해지는 까닭에 전혀 문장을 다듬지 않을 수는 없었다.

어떤 사연을 기록할 때엔 그 자취를 자세히 하였고 말이 복잡해지거나 이야기가 저속한 것이 있으면 모두 삭제하되 문맥이 통하게 하였다.

유교(儒教)의 대신이나 거사(居士)의 문답에 이르러 벼슬자리와 성씨가 드러난 이는 연대와 역사에 비추어 잘못을 밝히고, 사적(史籍)에 따라 틀린 점을 바로잡아 믿을 만한 전기가 되게 하였다.

만일 바늘을 던져 맞추듯 한 치의 어긋남 없이 도리를 밝히는 일이 아니거나, 번갯불이 치듯 빠른 기틀을 내보이는 일이 아니거나, 묘하게 밝은 참 마음을 보이는 일이 아니거나, 고(苦)와 공(空)의 깊은 이치를 조사(祖師)의 뜻 그대로 기술(記述)하는 일이 아니라면, 어떻게 등불을 전한다는 전등(傳燈)이라는 비유에 계합(契合)하는 그 극진한 공덕을 베풀 수 있었겠는가?

만일 감응(感應)한 징조만을 서술하거나 참문하고 행각한 자취만을 기록한다 할 것 같으면 이는 이미 승사(僧史)에 밝혀져 있는 것이니, 어째서 선가(禪家)의 말씀을 굳이 취하겠는가? 세대와 계보의 명칭을 남긴 것만이 아니라 스승과 제자가 이어지는 근거를 널리 기록하였다.

그러나 옛날 책에 실린 것을 보면 잘 다듬어지지 않은 내용을 수록하고 잘 다듬어진 것은 버린 일이 있는데, 다른 기록에 남아 있으면 해당하는 문장을 찾아 보완하고, 더욱 널리 찾아서 덧붙이기도 하였다. 또한 서문과 논설에 이르러 혹 옛 조사(祖師)의 문장이 아닌 것이 사이사이 섞이어 공연히 군소리가 되었으면 모두 간추려서 다 깎아버렸으니, 이같이 하여 1년 만에 일이 끝났다.

저희 신(臣)들은 성품과 식견이 우둔하고, 학문이 넓지 못하고, 기틀이 본래 얕고, 문장력은 부족하여 묘한 도리가 사람에게 달렸다고는 하나 마음에서 떠난 지 오래되고 깊은 진리를 나타내는 말이 세속에서 단절되어, 담벽을 마주한 듯 갑갑하게 지낸 적이 많았다. 과분하게도 추천해 주시는 은혜를 받았으나 아무 힘도 발휘하지 못했다. 편찬하는 일이 이미 끝났으므로 이를 임금님께 바친다. 그러나 임금님의 뜻에 맞지 않아, 임금님께서 거룩히 살펴보시는 데에 공연히 누만 끼치는 것이 아닌가 한다. 삼가 바친다.

한림학사조산대부행좌사간지제고동
수국사판사관사주국남양군개국후식읍
1천백호사자금어대신 양억 지음

景德傳燈錄序 昔釋迦文。以受然燈之夙記當賢劫之次補。降神演化四十九年。開權實頓漸之門。垂半滿偏圓之教。隨機悟理。爰有三乘之差。接物利生。乃度無邊之眾。其悲濟廣大矣。其軌式備具矣。而雙林入滅。獨顧於飲光。屈眴相傳。首從於達磨。不立文字直指心源。不踐楷梯徑登佛地。逮五葉而始盛。分千燈而益繁。達寶所者蓋多。轉法輪者非一。蓋大雄付囑之旨。正眼流通之道。教外別行不可思議者也。

聖宋啟運人靈幽贊。太祖以神武戡亂。而崇淨刹。闢度門。太宗以欽明禦辯。而述祕詮。暢真諦。皇上睿文繼志而序聖教繹宗風。煥雲章於義天。振金聲於覺苑。蓮藏之言密契。竺乾之緒克昌。殖眾善者滋多。傳了義者間出。圓頓之化流於區域。有東吳僧道原者。冥心禪悅。索隱空宗。披弈世之祖圖。采諸方之語錄。次序其源派。錯綜其辭句。由七佛以至大法眼之嗣。凡五十二世。一千七百一人。成三十卷。目之曰景德傳燈錄。詣闕奉進冀於流布。

皇上爲佛法之外護。嘉釋子之勤業。載懷重慎。思致悠久。乃詔翰林學士左司諫知制誥臣楊億。兵部員外郎知制誥臣李維。太常丞臣王曙等。同加刊削。俾之裁定。臣等昧三學之旨迷五性之方。乏臨川翻譯之能。懵毘邪語默之要。恭承嚴命。不敢牢讓。竊用探索匪遑寧居。考其論譔之意。蓋以真空爲本。將以述曩聖入道之因。標昔人契理之說。機緣交激。若拄於箭鋒。智藏發光。旁資於鞭影。

誘道後學。敷暢玄猷。而捃摭之來。徵引所出。糟粕多在。油素可尋。其有大士。示徒。以一音而開演。含靈聳聽。乃千聖之證明。屬概舉之是資。取少分而斯可。若乃別加潤色失其指歸。既非華竺之殊言。頗近錯雕之傷寶。如此之類悉仍其舊。況又事資紀實。必由於善敘。言以行遠。非可以無文。其有標錄事緣。縷詳軌跡。或辭條之紛糾。或言筌之猥俗。並從刊削。俾之綸貫。

至有儒臣居士之問答。爵位姓氏之著明。校歲歷以愆殊。約史籍而差謬。鹹用刪去。以資傳信。自非啟投針之玄趣。馳激電之迅機。開示妙明之真心。祖述苦空之深理。即何以契傳燈之喻。施刮膜之功。若乃但述感應之徵符。專敘參遊之轍跡。此已標於僧史。亦奚取於禪詮。聊存世系之名。庶紀師承之自然而舊錄所載。或掇粗而遺精。別集具存。當尋文而補闕。率加采擷。爰從附益。逮於序論之作。或非古德之文。問廁編聯徒增楦釀（楦釀二字出唐張燕公文集。謂冗長也）亦用簡別多所屏去。汔茲周歲方遂終篇。臣等性識媿於冥煩。學問慚於涉獵。天機素淺。文力無餘。妙道在人。雖刳心而斯久。玄言絕俗。固牆面以居多。濫膺推擇之私。靡著發揮之效。已克終於紬繹。將仰奉於清閒。莫副宸襟空塵睿覽。謹上。

翰林學士朝散大夫行左司諫知制誥同
修國史判史館事柱國南陽郡開國侯食邑
一千百戶賜紫金魚袋臣楊億 撰

승려 희위(希渭)의 경덕전등록 재발간사

호주로(湖州路) 도량산(道場山) 호성만세선사(護聖萬歲禪寺)의 늙은 중 희위(希渭)는 본관이 경원로(慶元路) 창국주(昌國州)이며 성은 동(董)씨다.

어릴 때부터 고향의 성에 있는 관음선사(觀音禪寺)에 가서 절조(絶照) 화상을 스승으로 삼았고, 법명(法名)을 받게 되어 자계현(慈溪懸) 개수(開壽)의 보광선사(普光禪寺)에 가서 용원(龍源) 화상에 의해 머리를 깎고 중이 되었다.

그대로 오대율사(五臺律寺)로 가서 설애(雪涯) 화상에게 구족계를 받은 뒤에 짐을 꾸려 서쪽으로 향해 행각을 떠나 수행을 하다가 나중에 다시 은사이신 용원 화상을 만나 이 산으로 옮겨 왔다.

스승을 따라 배움에 참여하고 이로움을 구한 지 벌써 여러 해가 되었다. 항상 스승의 은혜를 생각하면서도 갚을 기회가 없었다. 그런데 삼가 윗대로부터의 부처와 조사들을 수록한 경덕전등록 30권을 보니 7불로부터 법안(法眼)의 법사(法嗣)에 이르기까지 전부 52세대(世代)인데, 경덕(景德)에서 연우(延祐) 병진년에 이르기까지 317년이나 지나서 옛 판본이 다 썩어버려 남아있지 않기 때문에 후학들이 보고 싶어도 볼 수가 없었다. 이에 발심하여 다시 간행한다.

홀연히 내 고향에 있는 천성선사(天聖禪寺)의 송려(松廬) 화상이 소장하고 있던, 여산(廬山)의 은암(隱庵)에서 찍은 옛 책이 가장 보존이 잘된 상태로 입수되었는데, 아주 내 마음에 들었다. 마침내 병진(丙辰)년 정월 10일에 의발 등속을 모두 팔아 1만 2천여 냥을 얻었다. 그날 당장에 공인(工人)에게 간행할 것을 명하여 조사의 도리가 세상에 유포되게 하였다. 이 책은 모두 36만 7천 9백 17자이다. 그해 음력 12월 1일에야 공인의 작업이 끝났다.

당장에 300부를 인쇄하여 전당강(錢塘江) 남북지역과 안중(安衆)지역[9]의 여러 명산(名山)의 방장(方丈)[10]과 몽당(蒙堂)[11]과 여러 요사(寮舍)[12]에 한 부씩을 비치케 하여 온 세상의 도를 분변(分辨)하는 참선납자(參禪衲子)들이 참구하기에 편하도록 하였다. 이를 잘 이용하여 사은(四恩)[13]을 갚고 아울러 삼유(三有)의 중생[14]에게도 도움이 되기 바란다.

대원(大元) 연우(延祐) 3년[15] 음력 12월 1일
늙은 중 희위(希渭)가 삼가 쓰고
젊은 비구 문아(文雅)가 간행을 감독하고
주지 비구 사순(士洵)이 간행하다.

---

9) 두 지역은 희위 스님의 고향인 호주(湖州)와 비교적 인접한 지역들이다.

10) 방장(方丈) : 절의 주지가 거처하는 방. 지금은 견성한 이가 아니더라도 주지를 맡고 있으나 그 당시에는 견성한 도인이라야 그 절의 주지를 맡았다. 따라서 방장에는 대체로 법이 높은 스님이 기거하는 경우가 대부분이었다.

11) 몽당(蒙堂) : 승사(僧寺)의 일에서 물러난 사람이 거처하는 방.

12) 요사(寮舍) : 절에서 대중이 숙식하는 방.

13) 사은(四恩) : 보시(布施), 자애(慈愛), 화도(化導), 공환(共歡)의 네가지 시은(施恩), 또는 부모(父母), 중생(衆生), 국왕(國王), 삼보(三寶)의 네가지 지은(知恩).

14) 삼유(三有)의 중생 : 욕계(慾界), 색계(色界), 무색계(無色界)의 삼계(三界)를 유전하는 미혹한 중생.

15) 서기 1316년.

차 례

일러두기

1. 대만에서 펴낸『경덕전등록(景德傳燈錄)』(宋釋道原 編, 新文豐出版公司, 民國 75년, 1986년)에 의거해서 번역했으며 누락된 부분 없이 완역하였다.
2. 농선 대원 선사가 각 선사장마다 선리의 토끼뿔을 더하여 닦아 증득하는데 도움이 되도록 하였다.
3. 뜻이 통하지 않는데도 오자가 아닐 때는 옛 한문 사전에서 그 조사 당시에 그 글자가 어떻게 쓰였는가를 찾아 번역하였다. 예를 들어 '還'자가 돌아올 '환'으로가 아니라 영위할 '영'으로 쓰여 뜻이 통한 경우에는 '영위하다' '누리다'로 의역하였다.
4. 선사들의 생몰연대는 여러 기록된 내용이 일치하지 않거나 미상으로 되어 있는 바가 많아, 각 선사 당시의 나라와 왕의 연대, 불교의 상황 등을 역사학자들이 전문적으로 연구하여 밝혀야 할 부분이 있기에, 이 책에서는 여러 자료와 연구 결과가 일치된 내용만을 주에서 표기하였다.
5. 첨가한 주의 내용은 불교에 대한 지식이 없는 이들도 선문답을 참구해 가는데 도움이 되도록 간략하게 달았으며, 주의 내용에 따라서는 사전적인 뜻보다는 선리(禪理)로서 그 뜻을 밝혀 마음에 비추어 참구할 수 있도록 하였다.

1권 법계보

7불(佛)과 인도(印度) 제1조(祖) - 제14조(祖)

7불(佛)

- 비바시불(毘婆尸佛)
- 시기불(尸棄佛)
- 비사부불(毘舍浮佛)
- 구류손불(拘留孫佛)
- 구나함모니불(拘那含牟尼佛)
- 가섭불(迦葉佛)
- 석가모니불(釋迦牟尼佛)

인도(印度) 제1조(祖) - 제14조(祖)

- 제1조 마하가섭(摩訶迦葉) 존자
- 제2조 아난(阿難) 존자

(곁가지로 末田底迦가 있다. 기록이 없다. 원주)

1권 법계보

- 제3조 상나화수(商那和修) 존자
- 제4조 우바국다(優波鞠多) 존자
- 제5조 제다가(提多迦) 존자
- 제6조 미차가(彌遮迦) 존자
- 제7조 바수밀(婆須蜜) 존자
- 제8조 불타난제(佛陀難提) 존자
- 제9조 복타밀다(伏馱蜜多) 존자
- 제10조 협(脇) 존자
- 제11조 부나야사(富那夜奢) 존자
- 제12조 마명(馬鳴) 대사
- 제13조 가비마라(迦毘摩羅) 존자
- 제14조 용수(龍樹) 존자

7불(七佛)

7불(七佛)

세상에 출현하신 옛 부처님이 끊임없이 무궁하여 다 알거나 셀 수는 없는 일이다.

그러므로 가까이로는 현겁(賢劫)[1]에 천 부처님이 계셨는데 석가모니 부처님까지 7불만을 기록한다.

『장아함경(長阿含經)』에서는 "7불께서 정진하신 힘으로 광명을 놓아 어둠을 멸하시고, 제각기 나무 밑에 앉아 정각을 이루셨다." 라고 하였다.

또 만수실리(曼殊室利)[2]는 7불의 조사인데, 금화선혜(金華善慧) 대사가 송산 마루턱에 올라 도를 행할 때 7불이 그 앞을 인도하시고 유마가 뒤를 따르는 일을 보았다 하였으나, 이 전등록의 법을 전한 기록은 7불부터 시작한다.

敍七佛 古佛應世。綿歷無窮。不可以周知而悉數也。故近譚賢劫有千如來。暨于釋迦。但紀七佛。案長阿含經云。七佛精進力。放光滅暗冥。各各坐樹下[3]。於中成正覺。又曼殊室利為七佛祖師。金華善慧大士。登松山頂行道。感七佛引前維摩接後。今之撰述。斷自七佛而下。

---

1) 현겁(賢劫) : 과거, 현재, 미래의 삼대겁 중에서 현재의 대겁(大劫).
2) 만수실리(曼殊室利) : 문수사리보살.
3) 樹下가 송, 원나라본에는 諸樹로 되어있다.

비바시불(毘婆尸佛)

비바시불[4]께서 게송으로 말씀하셨다.

몸이란 형상 없는 가운데 난 것이라
나왔다는 모든 형상, 환과도 같은 걸세
환인이라, 그 맘과 앎 본래에 공하니
죄와 복 모두 공해 머물 곳이 없다네

『장아함경』에서는 "인간의 수명이 8만 세일 때에 이 부처님께서 세상에 나셨는데, 종족은 찰제리이고 성은 구리야이며, 아버지는 반두이고 어머니는 반두바제이다.

毘婆尸佛(過去莊嚴劫第九百九十八尊) 偈曰。
身從無相中受生
猶如幻出諸形像
幻人心識本來無
罪福皆空無所住
長阿含經云。人壽八萬歲時此佛出世。種刹利。姓拘利若。父盤頭。母盤頭婆提。

4) 비바시불 : 과거 장엄겁의 제998위째 부처님. (원주)

반두바제성(盤頭婆提城)에 계실 때에 파파라 나무 밑에 앉아 세 차례 설법하셔서 34만 8천 사람을 제도하셨다.

제자〔神足〕[5]가 두 사람이니 한 분은 건다이고 또 한 분은 제사이며, 시자(侍者)는 무우이고 아들은 방응이다."라고 하였다.

居盤頭婆提城。坐波波羅樹下。說法三會。度人三十四萬八千人。神足二。一名騫茶。二名提舍。侍者無憂。子方膺。

5) 신족(神足) : 원문의 신족(神足)은 제자라는 뜻이다. 高足.

토끼뿔

남풍은 꽃을 피워 장엄하고
돌사내 무현금의 연주 맞춰
목녀의 태평가가 좋구려
차나 드소서

시기불(尸棄佛)

시기불[6]께서 게송으로 말씀하셨다.

모든 선법(善法) 일으킴, 본래에 환이고
모든 악업 지어냄, 그 또한 환일세
거품같은 몸이고 바람같은 마음이라
환의 나툼 근본 없어 실제 성품 없다네

『장아함경』에서는 "인간의 수명이 7만 세일 때에 이 부처님께서 세상에 나셨는데, 종족은 찰제리이고 성은 구리야이며, 아버지는 명상이고 어머니는 광요이다.

尸棄佛(莊嚴劫第九百九十九尊) 偈曰。
起諸善法本是幻
造諸惡業亦是幻
身如聚沫心如風
幻出無根無實性
長阿含經云。人壽七萬歲時此佛出世。種刹利。姓拘利若。父明相。母光耀。

---

6) 시기불 : 장엄겁의 제999위째 부처님. (원주)

광상성(光相城)에 계실 때에 분타리 나무 밑에 앉아 세 차례 설법하셔서 25만 사람을 제도하셨다.

제자가 두 사람이니 한 분은 아비부이고 또 한 분은 바바이며, 시자는 인행이고 아들은 무량이다."라고 하였다.

居光相城。坐芬陀利樹下。說法三會。度人二十五萬。神足二。一名阿毘浮。二名婆婆。侍者忍行。子無量。

토끼뿔

옳기도 옳고 진실하기도 진실하나
소리를 낮추고 소리를 낮추시오.
험.

비사부불(毘舍浮佛)

비사부불[7]께서 게송으로 말씀하셨다.

사대[8]를 빌린 것을 몸이라 하였으니
마음도 본래 남 없건만 경계로 인해 있네
앞의 경계 없으면 마음이란 것 역시 없는 바라
죄와 복 나고 멸함, 환과도 같다 하리

『장아함경』에서는 "인간의 수명이 6만 세일 때에 이 부처님께서 세상에 나셨다.

毘舍浮佛(莊嚴劫第一千尊) 偈曰。
假借四大以為身
心本無生因境有
前境若無心亦無
罪福如幻起亦滅
長阿含經云。人壽六萬歲時此佛出世。

---

7) 비사부불 : 장엄겁의 제1000위째 부처님. (원주)
8) 사대(四大) : 물, 불, 바람, 흙의 우주 근본 4대 원소.

종족은 찰제리이고 성은 구리야이며, 아버지는 선등이고 어머니는 칭계이다.

무유성(無喩城)에 계실 때에 바라 나무 밑에 앉아 두 차례 설법하셔서 13만 사람을 제도하셨다.

제자가 두 사람이니 한 분은 부유이고 또 한 분은 울다마이며, 시자는 적멸이고 아들은 묘각이다."라고 하였다.

種刹利。姓拘利若。父善燈。母稱戒。居無喩城。坐婆羅樹下。說法二會。度人一十三萬。神足二。一扶遊。二鬱多摩。侍者寂滅。子妙覺。

토끼뿔

그렇고 그러나 어쩌리오.
눈 위에 서리를 더함이니
험.

구류손불(拘留孫佛)

구류손불[9]께서 게송으로 말씀하셨다.

몸이란 것, 실다움이 없음 보면 부처의 몸이요
맘이란 것, 환과 같음 깨달으면 부처의 마음이라
몸과 맘의 본래 성품이 공함을 안다면
그 사람이 부처와 무엇이 다르다고 할 것인가

『장아함경』에서는 "인간의 수명이 4만 세일 때에 이 부처님께서 세상에 나셨는데, 종족은 바라문이고 성은 가섭이며, 아버지는 예득이고 어머니는 선지이다.

拘留孫佛(見在賢劫第一尊) 偈曰。
見身無實是佛身
了心如幻是佛心
了得身心本性空
斯人與佛何殊別
長阿含經云。人壽四萬歲時此佛出世。種婆羅門。姓迦葉。父禮得。母善枝。

9) 구류손불 : 현겁의 제1위째 부처님. (원주)

안화성(安和城)에 계실 때에 시리사 나무 밑에 앉아 한 차례 설법하셔서 4만 사람을 제도하셨다.

제자가 두 사람이니 한 분은 살니이고 또 한 분은 비루이며, 시자는 선각이고 아들은 상승이다."라고 하였다.

居安和城。坐尸利沙樹下。說法一會。度人四萬。神足二。一薩尼。二毘樓。侍者善覺。子上勝。

 토끼뿔

그런 말도 있던가요….

하…

하…

구나함모니불(拘那含牟尼佛)

구나함모니불[10)]께서 게송으로 말씀하셨다.

부처의 몸 보았다면 부처 안 것 아니니
진실로 바로 알면 부처란 것 따로 없네
지혜로운 이라면 죄의 성품 공함 알아
가없이 이러-해서[11)] 생사를 두려워 않네

『장아함경』에서는 "인간의 수명이 3만 세일 때에 이 부처님께서 세상에 나셨다.

拘那含牟尼佛(賢劫第二尊) 偈曰。
佛不見身知是佛
若實有知別無佛
智者能知罪性空
坦然不怖於生死
長阿含經云。人壽三萬歲時此佛出世。

10) 구나함모니불 : 현겁의 제2위째 부처님. (원주)
11) 이러-해서 : 체(體)와 용(用)이 하나로 어우러진 함이라는 것마저 두지 않는 경지.

종족은 바라문이고 성은 가섭이며, 아버지는 대덕이고 어머니는 선승이다.

청정성(淸淨城)에 계실 때에 오잠바라문 나무 밑에 앉아 한 차례 설법하셔서 3만 사람을 제도하셨다.

제자가 두 사람이니 한 분은 서반나이고 또 한 분은 울다루이며, 시자는 안화이고 아들은 도사이다."라고 하였다.

種婆羅門。姓迦葉。父大德。母善勝。居淸淨城。坐烏暫婆羅門樹下。說法一會。度人三萬。神足二。一舒槃那。二欝多樓。侍者安和。子導師[12]。

12) 導師가 송, 원나라본에는 道師로 되어있다.

토끼뿔

뜰앞에 잣나무도 웃는구려.

하. 하. 하.

가섭불(迦葉佛)

가섭불[13]께서 게송으로 말씀하셨다.

모든 중생 성품이 청정해서
본래부터 나고 죽음 없느니라
몸이니 마음이니 환의 남이라
환 가운데 죄복도 없는 걸세

『장아함경』에서는 “인간의 수명이 2만 세일 때에 이 부처님께서 세상에 나셨는데, 종족은 바라문이고 성은 가섭이며, 아버지는 범덕이고 어머니는 재주이다.

迦葉佛(賢劫第三尊) 偈曰。
一切衆生性清淨
從本無生無可滅
即此身心是幻生
幻化之中無罪福
長阿含經云。人壽二萬歲時此佛出世。種婆羅門。姓迦葉。父梵德。母財主。

13) 가섭불 : 현겁의 제3위째 부처님. (원주)

바라나성(城)에 계실 때에 니구율 나무 밑에 앉아 한 차례 설법하셔서 2만 사람을 제도하셨다.

제자가 두 사람이니 한 분은 제사이고 또 한 분은 바라바이며, 시자는 선우이고 아들은 집군이다."라고 하였다.

居波羅柰城。坐尼拘律樹下。說法一會。度人二萬。神足二。一提舍。二婆羅婆。侍者善友。子集軍。

토끼뿔

이런 경우를 일러서 용머리에 뱀꼬리라 한다던가.

서석대는 무등산 명물이고
노적봉은 목포의 명물일세

석가모니불(釋迦牟尼佛)

석가모니불[14][15]은 성은 찰제리이고 아버지는 정반천이며 어머니는 대청정묘이다. 보처(補處)[16]의 지위에 올라 도솔천에 태어나셨을 때 승선천인(勝善天人), 또는 호명 대사(護明大士)라 불리웠는데, 여러 하늘 무리들을 제도하기 위하여 보처의 수행을 설하셨고, 또 시방세계에 몸을 나타내어 설법하셨다.

『보요경(普耀經)』에서는 "부처님께서 처음 찰제리 왕가에 탄생하실 때 큰 지혜의 광명을 놓아 시방세계를 비추시니, 땅에서 금연꽃이 솟아 자연히 발을 받들었다.

釋迦牟尼佛(賢劫第四尊) 姓刹利。父淨飯天。母大清淨妙。位登補處生兜率天上。名曰勝善天人。亦名護明大士。度諸天衆說補處行。亦於十方界中現身說法。普耀經云。佛初生刹利王家。放大智光明照十方世界。地涌金蓮華自然捧雙足。

---

14) 석가모니불 : 현겁의 제4위째 부처님. (원주)

15) 석가모니불(기원전 1027 ~ 기원전 949). 운허용하(耘虛龍夏) 편(編) 불교사전에 (기원전 623~기원전 544)라고 되어 있는 것이 현재 학계의 정설로 통하나, 이는 전등록에 기록된 탄생년대인 주(周)의 소왕(昭王) 26년, 입멸연대인 주의 목왕(穆王) 53년과 맞지 않는다. 여기에서는 전등록의 기록된 바를 따라 (기원전 1027~기원전 949)로 바로잡는다.

16) 보처(補處) : 부처님을 곁에서 모시는 지위로 곧 부처가 되실 분.

동서남북으로 각각 일곱 걸음을 걷고 두 손으로 각각 하늘과 땅을 가리키면서 '상하와 사방에 능히 나보다 존귀한 것은 없다.'고 사자후(獅子吼)를 하셨다."라고 하였다.

이때가 주(周)의 소왕(昭王) 26년 갑인 4월 8일이었다.

44년 2월 8일에 이르러 나이 19세가 되자, 출가하기를 바라면서 '무엇을 만나게 될까?' 생각하고는 곧 네 문을 돌아다니면서 네 가지 일을 보셨다. 그리고는 마음속에 슬픔과 기쁨이 생겨서, 이 늙고 병들고 죽는 것을 반드시 벗어나리라고 결심하셨다.

그날 밤 자시(子時)에 정거(淨居)라는 천인이 창밖에서 손을 모으고 태자에게 출가할 때가 되었으니 떠나시라고 하였다. 태자는 이 말을 듣고 기뻐하면서 성을 넘어 떠나서 단특산(檀特山)에서 도를 닦으셨다.

東西及南北各行於七步。分手指天地作獅子吼聲。上下及四維無能尊我者。即周昭王二十六[17]年甲寅歲四月八日也。至四十四[18]年二月八日。年十九欲求出家。而自念言。當復何遇。即於四門遊觀見四等事。心有悲喜而作思惟。此老病死終可厭離。於是夜子時有一天人。名曰淨居。於窓牖中叉手白太子言。出家時至可去矣。太子聞已心生歡喜。即逾城而去。於檀特山中修道。

---

17) 六이 송, 원, 명, 청나라본에는 四로 되어 있다.
18) 四가 송, 원, 명, 청나라본에는 二로 되어 있다.

처음은 아람가람에게 3년 동안 불용처정(不用處定)[19]을 배웠으나 옳지 못한 것임을 알고 곧 버리셨다.

다시 울두람불에게로 가서 3년 동안 비비상정(非非想定)[20]을 배웠으나 그것도 그른 줄 알고 또한 버리셨다.

다시 상두산(象頭山)으로 가서 모든 외도들과 같이 날마다 삼씨와 보리를 먹으면서 6년을 지내셨다.

그러므로 경에서 "마음과 뜻도 없고, 받아 행한 것도 없음으로써 모든 외도들을 항복시키셨다."라고 하였으니, 먼저 삿된 법을 두루 시험하고 나서 모든 방편을 보이고, 모든 이단의 삿된 견해를 발견하게 하여 보리에 이르게 하셨다.

『보집경(普集經)』에서는 "보살이 12월 8일, 샛별이 뜰 시각에 부처를 이루셨으니 호를 천인사(天人師)라 한다."라고 하였다.

始於阿藍迦藍處。三年學不用處定。知非便捨。復至鬱頭藍弗處。三年學非非想定。知非亦捨。又至象頭山同諸外道。日食麻麥經於六年。故經云。以無心意無授行而悉摧伏諸外道。先歷試邪法示諸方便發諸異見令至菩提。故普集經云。菩薩於十[21]二月八日明星出時成佛。號天人師。

19) 불용처정(不用處定) : 무소유처정(無所有處定)이라 하는데 십이문선(十二門禪) 중 사선(四禪)으로, 있는 그것이라는 것마저 없는 정이다.

20) 비비상정(非非想定) : 생각이 없다는 생각마저 없는 정이다.

21) 十이 송, 원, 명, 청나라본에는 없다.

그때에 나이는 30세로 이는 주의 목왕(穆王) 4년 계미년이었다.

그리하여 녹야원(鹿野苑)에서 교진여 등 다섯 사람에게 4제(四諦)의 법륜을 굴려서 도과(道果)를 논설하셨다.

49년 동안 세상에 계시면서 설법하시고, 그 후 제자인 마하가섭에게 말씀하셨다.

"내가 청정한 법안(法眼)과 열반의 묘한 마음과 실상인 무상과 미묘한 바른 법을 그대에게 전하니 그대는 마땅히 잘 보호하여 지녀라."

더불어 아난에게도 분부하셨다.

"전법교화를 잘 도와서 끊이지 않게 하라."

이어서 게송을 말씀하셨다.

時年三十矣。即穆王四[22]年癸未歲也。既而於鹿野苑中。為憍陳如等五人轉四諦法輪而論道果。說法住世四十九年。後告弟子摩訶迦葉。吾以清淨法眼涅槃妙心實相無相微妙正法將付於汝。汝當護持。并勅阿難副貳傳化無令斷絕。而說偈言。

22) 四가 송, 원, 명, 청나라본에는 三으로 되어있다.

법이라는 본래 법엔 법이랄 것 없으나
법이랄 것 없다는 법, 그 또한 법이라
이제 법이랄 것 없음을 전해줌에
법이라는 법인들 그 어찌 법이랴

그때에 세존께서 이 게송을 설하신 뒤에 다시 가섭에게 말씀하셨다.

"내가 이제 금난가사(金襴袈裟)[23)]를 그대에게 맡기니 자씨불(慈氏佛)[24)]이 세상에 나기까지 파손시키지 말고 보처에게 전하라."

가섭이 게송을 듣고 머리를 숙여 발에 예배하면서 말하였다.

"훌륭하고 훌륭하십니다. 제가 마땅히 분부에 의거하여 부처님의 유물을 공손히 이어받겠습니다."

法本法無法
無法法亦法
今付無法時
法法何曾法

爾時世尊說此偈已。復告迦葉。吾將金縷僧伽梨衣傳付於汝。轉授補處。至慈氏佛出世勿令朽壞。迦葉聞偈頭面禮足曰。善哉善哉。我當依勅。恭順佛故。

---

23) 금난가사(金襴袈裟) : 부처님께서 법을 전한 표시로 준 금실로 지은 가사.
24) 자씨불(慈氏佛) : 미륵불.

그때에 세존께서 구시나성에 이르러 모든 대중에게 말씀하셨다.

"내가 지금 등이 아프니 열반에 들리라"

곧 니련하(尼連河) 곁에 있는 사라쌍수(娑羅雙樹)[25] 밑으로 가셔서 오른 겨드랑이를 대고 누워 발을 포개고 조용히 열반에 드셨다.

그리고는 다시 관에서 일어나서 어머니에게 설법해 주시고, 특별히 두 발을 보여 바기(婆耆)[26]를 제도하신 뒤에 무상게(無常偈)를 말씀하셨다.

모든 행이 무상하니
그것은 생멸의 법이다
생멸이 멸하여 다하면
적멸이 곧 즐거움이 된다

爾時世尊至拘尸那城。告諸大衆。吾今背痛欲入涅槃。即往尼連河側娑羅雙樹下。右脇累足泊然宴寂。復從棺起為母說法。特示雙足化婆耆。并說無常偈曰。

諸行無常
是生滅法
生滅滅已
寂滅為樂

---

25) 사라쌍수(娑羅雙樹) : 석가모니 부처님께서 입멸하실 때 동서남북에 각각 한 쌍씩 서 있던 나무로 부처님의 열반을 슬퍼하여 말라 죽었다 한다.

26) 바기(婆耆) : 석가모니 부처님께서 열반하실 때 제도한 마지막 제자.

그때에 모든 제자들이 향과 장작을 가지고 앞을 다투어 다비(荼毘)를 거행하였으나, 불이 탄 뒤에도 금관(金棺)은 여전하였다.

그때에 대중들은 부처님 앞에서 게송으로 찬탄하였다.

범속들의 모든 맹렬한 불길이
어찌 능히 태울 수 있으리까
청하옵나니 세존의 삼매의 불로
금빛 몸을 사르시옵소서

그때에 금관이 앉은 자리에서 7다라수(多羅樹) 높이로 솟아올라 허공을 오락가락하다가 삼매의 불로 변하니, 잠깐 사이에 재에서 나온 사리(舍利)가 8섬 4말이었다.

時諸弟子即以香薪競荼毘之。燼後金棺如故。爾時大眾即於佛前以偈讚曰。

凡俗諸猛熾
何能致火爇
請尊三昧火
闍維金色身

爾時金棺從坐而舉高七多羅樹。往反空中化火三昧須臾灰生。得舍利八斛四斗。

이때는 곧 주나라 목왕 53년 임신년 2월 15일이었다.

세존께서 입멸하신 지 1017년 만에 교법이 중국으로 전해지니 후한의 영평(永平) 10년 무진년이었다.

即穆王五十三[27]年壬申歲二月十五日也。自世尊滅後一千一十七年教至中夏。即後漢永平十年戊辰歲也。

27) 三이 송, 원, 명, 청나라본에는 二로 되어있다.

토끼뿔

법이라는 법인들 그 어찌 법이냐고?

그렇기는 그렇다 하겠으나 십만팔천리일세.

어째서인가?

뚫을 곤(丨)자의 오른편에 점주(丶)자를 찍으면 점복(卜)자라 하네.

험.

제1조(祖) - 제14조(祖)
인도(印度)

제1조 마하가섭(摩訶迦葉) 존자

마하가섭 존자는 마갈타국(摩竭陀國) 사람으로 성은 바라문이고 아버지는 음택이며 어머니는 향지이다. 옛적에 단금사(鍛金師)로서 금의 성품을 잘 알아 부드럽게 하는 재주가 있었다.

『부법전(付法傳)』에서는 "아주 오랜 옛날 비바시불께서 열반에 드신 뒤에 사부대중〔四衆〕[28]이 탑을 세웠는데 탑 안에 모신 불상의 얼굴에 금빛이 조금 파괴되어 있었다. 이때에 어떤 가난한 여자가 금구슬을 가지고 단금사에게 가서 불상의 얼굴을 장식해 달라고 하였다. 그리고는 단금사와 같이 '원컨대 우리 두 사람은 육체관계가 없는 부부가 됩시다.'라고 함께 발원하였다.

第一祖摩訶迦葉。摩竭陀國人也。姓婆羅門。父飮澤。母香志。昔為鍛金師。善明金性使其柔伏。付法傳云。嘗於久遠劫中毘婆尸佛入涅槃後。四衆起塔。塔中像面上金色有少缺壞。時有貧女將金珠往金師所請餙佛面。既而因共發願。願我二人為無姻夫妻。

---

28) 사부대중〔四衆, 四部大衆〕: 부처님의 가르침을 따르는 네 부류의 사람들로 비구, 비구니, 우바새, 우바이를 통틀어 말한다.

단금사는 이 인연으로 91겁 동안 몸이 모두 금빛이었고 뒤에 범천에 태어났다. 범천의 수명이 다한 뒤에는 중인도(中印度)의 마갈타 나라에 있는 바라문의 집에 태어나서 가섭이라 이름하니, 한문으로 번역하면 음광승존(飮光勝尊)으로 금빛에 의하여 불려진 명호이다."라고 하였다.

이런 까닭으로 출가하여 모든 유정을 제도하려는 뜻을 내니, 부처님께서 "어서 오라. 비구여."라고 하자 머리카락과 수염이 저절로 사라지고 가사가 몸에 입혀졌으며, 항상 대중 가운데서 제일이라는 칭찬을 받았다.

부처님께서 다시 말씀하셨다.

"내가 청정한 법안을 그대에게 부촉하니, 그대는 널리 전하여 끊이지 않게 하라."

『열반경』에서는 "그때에 세존께서 열반에 드시려 할 때 가섭이 모임에 없었다.

由是因緣九十一劫身皆金色。後生梵天。天壽盡生中天摩竭陀國婆羅門家。名曰迦葉波。此云飮光勝尊。蓋以金色為號也。繇是志求出家冀度諸有。佛言。善來比丘。鬚髮自除袈裟著體。常於衆中稱歎第一。復言。吾以清淨法眼將付於汝。汝可流布無令斷絕。涅槃經云。爾時世尊欲涅槃時。迦葉不在衆會。

부처님께서 큰 제자들에게 가섭이 오면 정법안장(正法眼藏)을 드러내겠다고 하셨다."라고 하였다.

그때에 가섭 존자가 기사굴산(耆闍崛山)의 빈발라굴(賓鉢羅窟)에 있다가 수승한 광명을 보고 바로 삼매에 들어 청정한 천안(天眼)[29]으로 세존을 관하여 보니, 니련하 곁에서 열반에 들고 계셨다. 그는 곧 그의 제자들에게 말하였다.

"여래의 열반이 어찌 이토록 급작스러운가?"

그리고는 곧 사라쌍수 사이로 가서 슬프게 우니, 부처님께서 금관 안에서 두 발을 내보이셨다.

그때에 가섭 존자가 비구들에게 말하였다.

"부처님께서는 이미 다비를 마치셨다. 금강사리는 우리들의 일이 아니다. 우리들은 마땅히 법안(法眼)을 결집(結集)해서 끊이지 않게 해야 한다."

이어 게송을 말하였다.

佛告諸大弟子。迦葉來時可令宣揚正法眼藏。爾時迦葉在耆闍崛山賓鉢羅窟。覩勝光明即入三昧。以淨天眼觀見世尊。於尼連河側入般涅槃。乃告其徒曰。如來涅槃也。何其駛哉。即至雙樹間悲戀號泣。佛於金棺內現雙足。爾時迦葉告諸比丘。佛以[30]荼毘。金剛舍利非我等事。我等宜當結集法眼無令斷絕。乃說偈曰。

---

29) 천안(天眼) : 선정을 닦아서 얻은 눈으로 모든 것을 막힘 없이 꿰뚫어 환히 보는 능력.

30) 원문의 '以'는 '已'의 오자로 보인다. 以이 송, 원, 명나라본에는 已로 되어있다.

여래의 제자들이여
열반에 들려 하지 말고
신통을 얻은 이는
응당 결집하는 자리로 오시오

이때에 신통을 얻은 이는 모두가 왕사성 기사굴산의 빈발라굴에 모였다. 그때에 아난은 번뇌를 다하지 못하여 모임에 들지 못하다가 후에 아라한과를 증득하고서야 들어가게 되었다.

그때에 가섭 존자가 대중에게 말하였다.

"이 아난 비구는 부처님께서 설하신 법문을 모두 듣고 지녀서 큰 지혜가 있고, 항상 여래를 따라 모시면서 청정한 범행을 닦았으며 부처님께 들은 법문은 그릇에 물을 옮기듯 하나도 빠뜨리지 않았다.

如來弟子
且莫涅槃
得神通者
當赴結集

於是得神通者。悉集王舍耆闍崛山賓鉢羅窟。時阿難為漏未盡不得入會。後證阿羅漢果。由是得入。迦葉乃白眾言。此阿難比丘多聞總持有大智慧。常隨如來梵行清淨。所聞佛法如水傳器無有遺餘。

그러므로 부처님께서 항상 총명함이 제일이라 찬탄하셨으니 그를 청해서 수다라장(修多羅藏)[31]을 결집하게 함이 좋겠다."

대중이 모두 묵연히 있으니 가섭 존자가 아난에게 말하였다.

"그대는 지금 법안을 선포하라."

아난이 그 말을 듣고 믿고 받들어 대중의 마음을 관찰하면서 게송으로 말하였다.

여러 비구 권속들이여
부처님을 여의면 장엄하지 못하니
마치 허공 가운데에
뭇 별들만 있고 달이 없는 것과 같네

佛所讚歎聰敏第一。宜可請彼集修多羅藏。大衆默然。迦葉告阿難曰。汝今宜宣法眼。阿難聞語信受。觀察衆心。而宣偈言。

比丘諸眷屬
離佛不莊嚴
猶如虛空中
衆星之無月

31) 수다라장(修多羅藏) : 경장(經藏), 율장(律藏), 논장(論藏)의 삼장 가운데 부처의 가르침을 기록한 경장.

이 게송을 설하고 나서 뭇 스님들의 발에 예배하고 법좌에 올라 말하였다.

"이와 같이 내가 들었다. 어느 때 부처님께서 어떤 곳에 계시면서 어떤 경의 가르침을 말씀하시자, 인간과 천인들이 예를 올리고 받들어 행하였다."

이때 가섭 존자가 여러 비구들에게 물었다.

"아난의 말이 틀림이 없는가?"

모두가 대답하였다.

"세존의 말씀과 다르지 않습니다."

가섭 존자가 또 아난에게 말하였다.

"내가 지금 오래 머무를 시간이 없으니, 이제 바른 법을 그대에게 부촉한다. 그대는 잘 지켜 보호하도록 하라. 그리고 나의 게송을 들어라."

說是偈已。禮衆僧足陞法坐而說是言。如是我聞一時佛在[32]某處說某經教。乃至人天等作禮奉行。時迦葉問諸比丘。阿難所言不錯謬乎。皆曰。不異世尊所說。迦葉乃告阿難言。我今年不久留。今將正法付囑於汝。汝善守護。聽吾偈言。

32) 在가 송, 원나라본에는 住로 되어 있다.

법이란 법 본래의 법이라
법도 없고 법 아님도 없으니
어떻게 온통인 법 가운데
법 있으며 법 아닌 것 있으랴

게송을 설한 뒤에 금난가사를 가지고 계족산(鷄足山)에 들어가서 자씨불이 하생(下生)하기를 기다리니, 이는 곧 주의 효왕(孝王) 5년 병진년이었다.

法法本來法
無法無非法
何於一法中
有法有非[33]法

說偈已。乃持僧伽梨衣入雞足山。俟慈氏下生。即周孝王五年丙辰歲也[34]。

33) 非가 송, 원나라본에는 不로 되어있다.

34) 송, 원나라본 주에는 五年當作四年自此至第十三祖迦毘摩羅年數錯誤今皆依史記年表中六甲改正으로 되어있다.

토끼뿔

"어떻게 온통인 법 가운데 법 있으며 법 아닌 것 있으랴."
에 대해 이르노라.

못물은 낮은 곳에 고이고
구름은 높은 곳에 머문다
긍정인가, 부정인가, 협공인가?

제2조 아난(阿難) 존자

아난 존자[35]는 왕사성(王舍城) 사람으로 성은 찰제리이고, 아버지는 곡반왕이며 실제로는 부처님의 사촌 아우이다. 범어로는 아난타인데, 여기 말로는 경희(慶喜) 또는 환희라 하니 여래께서 부처를 이루신 날 밤에 태어났으므로 그런 이름을 지었다.

들은 것이 많고 지혜가 막힘이 없으므로 세존께서 총지(總持) 제일이라고 일찍이 찬탄하셨다. 더구나 전생에 큰 공덕이 있어서 법장(法藏)을 받아 지니는 것이 물을 그릇에 옮겨 담듯이 하므로 부처님께서 시자로 임명하셨다.

그 뒤에 아사세왕이 말하였다.

"인자여, 여래와 가섭 존자와 같은 존귀하고 수승한 두 스승께서 모두 이미 열반에 드셨지만 저는 많은 사정으로 모두 뵙지 못했습니다.

第二祖阿難。王舍城人也。姓刹帝利[36]。父斛飯王。實佛之從弟也。梵語阿難陀。此云慶喜。亦云歡喜。如來成道夜生因為之名。多聞博達智慧無礙。世尊以為總持第一。嘗所讚歎。加以宿世有大功德。受持法藏如水傳器。佛乃命為侍者。後阿闍世王白言。仁者。如來迦葉尊勝二師皆已涅槃。而我多故悉不能覩。

---

35) 아난 존자(? ~ 기원전 867).

36) 帝利가 송, 원나라본에는 利帝로 되어있다.

그러니 인자께서 열반에 드실 때에는 알려 주시기 바랍니다."

이에 아난 존자가 이를 허락하였다.

나중에 스스로 생각하기를 '내 몸이 위태롭고 허약하기가 마치 거품과 같고 게다가 늙고 쇠약하니 어찌 오래 견디랴.'라고 하였다. 또 생각하기를 '아사세왕이 나하고 한 약속이 있었구나.'라고 하고는 왕궁으로 가서 고하였다.

"내가 열반에 들고자 하여 하직하러 왔다."

문지기가 말하였다.

"왕께서 주무시니 아뢸 수 없습니다."

아난 존자가 말하였다.

"왕께서 깨어나시거든 내 말을 전하라."

이때에 아사세왕이 꿈 중에 칠보로 잘 꾸며져 있는 한 보배일산을 보았는데 천만억 대중이 둘러서서 우러러보고 있을 때, 갑자기 비바람이 불어서 그 자루가 부러지고 진기한 보배와 영락이 모두 땅에 흩어지는 것을 보고는 몹시 놀라 곧 꿈에서 깨어났다.

仁者。般涅槃時願垂告別。阿難許之。後自念言。我身危脆猶如聚沫。況復衰老豈堪長久。又念。阿闍世王與吾有約。乃詣王宮告之曰。吾欲入涅槃來辭耳。門者曰。王寢不可以聞。阿難曰。俟王覺時當為我說。時阿闍世王夢中見一寶蓋。七寶嚴飾千萬億眾圍繞瞻仰。俄而風雨暴至吹折其柄。珍寶瓔珞悉墜於地。心甚驚異。既寤。

문지기가 와서 앞의 일을 자세히 아뢰자, 왕이 이 말을 듣고 소리 높여 통곡을 하니 그 슬픔에 천지가 감동하였다.

즉시 비사리성으로 가니, 아난 존자가 항하의 중류에서 가부좌로 앉아 있었다. 왕은 예를 올리고 게송을 말하였다.

삼계(三界)[37]의 존자께 머리를 숙입니다
저를 버리고 여기까지 오셨군요
잠깐만이라도 자비의 원력으로
열반에 들지 말아 주소서

그때에 비사리의 왕도 강가에 있다가 다시 게송을 말하였다.

門者具白上事。王聞語已。失聲號慟哀感天地。即至毘舍離城。見阿難在恒河中流跏趺而坐。王乃作禮而說偈言。

稽首三界尊
棄我而至此
暫憑悲願力
且莫般涅槃

時毘舍離王亦在河側。復說偈言。

37) 삼계(三界) : 생사윤회하는 미망의 세계를 삼단계로 나누어 욕계(慾界), 색계(色界), 무색계(無色界)라 한다.

존자여 어찌 이렇게 빨리
적멸장으로 돌아가십니까
원컨대 잠시라도 머물러서
공양을 받아 주소서

그때에 아난 존자는 두 왕이 모두 와서 권하고 청하는 것을 보고 게송을 말하였다.

두 분 왕이여 잘 계시오
괴로워하고 슬퍼하며 미련을 두지 마시오
열반은 응당 '청정한 나'이니
모든 있다는 것이 없는 것이기 때문입니다

尊者一何速　　二王善嚴住
而歸寂滅場　　勿為苦悲戀
願住須臾間　　涅槃當我淨(舊本作靜此依寶林傳正宗記易此一字)[38]
而受於供養　　而無諸有故
爾時阿難見二國王咸來勸請。
乃說偈言。

38) 구본에는 靜자를 썼고 이것은 『보림전』과 『정종기』에 의거했는데 이 한 글자가 바뀌었다. (원주)

아난 존자가 다시 생각하기를 '내가 만약 편향되게 한 나라에서만 열반에 들면 여러 나라에 싸움이 일어날 터이니 옳지 못하다. 응당 평등하게 모든 유정을 제도하리라.'하고 항하의 중류에서 열반에 들려 하는데, 이때 산하대지가 여섯 가지로 진동하였다.

설산에 5백 선인이 있었는데 이런 상서를 보고 허공에서 날아와 아난 존자의 발에 예배하고 꿇어앉아 말하였다.

"저희들은 응당 큰 스님에게서 불법을 증득하려 하오니, 바라옵건대 큰 자비를 드리우셔서 저희들을 제도해 주소서."

아난 존자가 묵연히 청을 받고 곧 항하를 모두 황금땅으로 변하게 하고 그 선인들을 위하여 여러 훌륭한 법을 설해주었다.

아난 존자가 다시 '먼저 제도한 제자들이 응당 모이리라.'라고 생각하니, 잠깐 사이에 5백 아라한이 허공에서 내려와 여러 선인들에게 출가하는 구족계를 주었다.

阿難復念。我若偏向一國而般涅槃。諸國爭競。無有是處。應以平等度諸有情。遂於恒河中流將入寂滅。是時山河大地六種震動。雪山中有五百仙人。覩茲瑞應飛空而至。禮阿難足胡跪白言。我於長老當證佛法。願垂大慈度脫我等。阿難默然受請。即變殑伽河悉為金地。為其仙眾說諸大法。阿難復念。先所度脫弟子應當來集。須臾五百羅漢從空而下。為諸仙人出家受具。

그 선인들 가운데 두 아라한이 있었는데, 한 명은 상나화수이고 또 한 명은 말전저가였다. 아난 존자는 상나화수가 법기(法器)임을 알고 말하였다.

“옛적에 여래께서 거룩한 법안을 마하가섭 존자에게 전하셨고, 가섭 존자께서 선정에 드실 때에 나에게 부촉하셨는데, 나도 이제 열반에 들려 하니 그대에게 전하겠노라. 그대는 나의 가르침을 받고 게송을 들어라.”

본래의 법 전함이 있다 하나
전한 말에 법이랄 것 없다 했네
각자가 스스로 깨달으라
깨달으면 법 없음도 없다네

其仙眾中有二羅漢。一名商那和修。二名末田底迦。阿難知是法器。乃告之曰。昔如來以大法眼付大迦葉。迦葉入定而付於我。我今將滅。用傳於汝汝受吾教。當聽偈言。

本來付有法
付了言無法
各各須自悟
悟了無無法

아난 존자가 정법안장(正法眼藏)을 부촉한 뒤에 몸을 허공으로 솟구쳐 열여덟 가지 변화를 지은 뒤에 풍분신삼매(風奮迅三昧)에 들어 몸을 네 몫으로 나누었다. 한 몫은 도리천(忉利天)[39]에 봉안하고, 한 몫은 사갈라(娑竭羅)[40]용궁에 봉안하였으며, 한 몫은 비사리용왕[41]에게 주어 봉안하고, 한 몫은 아사세왕에게 주어 봉안하였는데 각자가 보배탑을 세워 공양하였다. 이때는 주의 여왕(厲王) 11년 계사년이었다.

阿難付法眼藏竟。踊身虛空作十八變。入風奮迅三昧分身四分。一分奉忉利天。一分奉娑竭羅龍宮。一分奉毘舍離龍(舊本作毘舍離龍王今依寶林傳正宗記除龍字)王。一分奉阿闍世王。各造寶塔而供養之。乃厲王十一年[42]癸巳歲也。

---

39) 도리천(忉利天) : 욕계의 여섯 하늘 중 둘째 하늘.

40) 사갈라(娑竭羅) : 『장아함경』에 나오는 용왕궁으로 칠보로 장식되어 있으며 아름다운 새가 노래하고 있다고 한다.

41) 구본에는 비사리용왕인데 지금의 『보림전』과 『정종기』에서는 용(龍)자를 뺐다. (원주)

42) 十一年이 송, 원, 명, 청나라본에는 十二年으로 되어있다. 단 송, 원나라본 주에는 十年으로 되어있다.

토끼뿔

"본래의 법 전함이 있다 하나 전한 말에 법이랄 것 없다 했네" 라고 함이여!

옳기는 옳다 하겠으나 아닐세.

왜냐고?

고기는 물속에서 놀고
수리는 창공에 떠 있다
하, 하, 대소하다

제3조 상나화수(商那和修) 존자

상나화수 존자[43]는 마돌라국 사람으로 이름은 사나바사이고 성은 비사다이며, 아버지는 임승이고 어머니는 교사야였는데, 태중에 6년이나 있다가 태어났다. 범어로는 상낙가인데 여기 말로는 자연복(自然服)이라 하며 곧 서역의 구지수(九枝秀)라는 풀의 이름이기도 하다. 만약 아라한과 성인이 태어나면 곧 이 풀이 정결한 땅에 난다고 하는데, 상나화수 존자가 태어날 때에도 이 상서로운 풀이 났다고 하였다.

옛적에 여래께서 교화를 다니시다가 마돌라국에 이르러 푸른 숲에 가지와 잎이 무성한 것을 보시고 아난에게 말씀하시기를 "이 수림지역의 이름은 우류다라 하는데, 내가 열반에 든 지 백 년 뒤에 상나화수라는 비구가 이 땅에서 묘한 법륜을 굴리리라."라고 하셨는데, 백 년 뒤에 과연 상나화수 존자가 탄생하였다.

第三祖商那和修者 摩突羅國人也。亦名舍那婆斯。姓毘舍多。父林勝。母憍奢耶。在胎六年而生。梵云商諾迦。此云自然服。即西域九枝秀草名也。若羅漢聖人降生則此草生於淨潔之地。和修生時瑞草斯應。昔如來行化至摩突羅國。見一青林枝葉茂盛。語阿難曰。此林地名優留茶。吾滅度後一百年。有比丘商那和修。於此地轉妙法輪。後百歲果誕。

43) 상나화수 존자(? ~ 기원전 805).

상나화수 존자가 출가하여 도를 증득한 뒤에 경희 존자[44]의 법안을 받아 유정들을 교화하였다. 그러다가 이 숲에 머물면서 불을 뿜는 두 용을 항복시켜 부처님의 가르침에 귀의하도록 하니, 그로 인하여 용이 그 땅을 보시하여 범궁(梵宮)[45]을 지었다.

상나화수 존자가 교화한 지 오래되어 정법을 부촉할 생각이 들어서 타리국(吒利國)의 우바국다를 만나 시자로 삼았다.

상나화수 존자가 우바국다에게 물었다.

"그대의 나이가 몇인가?"

우바국다가 대답하였다.

"제 나이 열일곱 살입니다."

"몸이 열일곱 살인가, 성품이 열일곱 살인가?"

"스님 머리가 이미 희신데 머리가 흽니까, 마음이 흽니까?"

"나는 머리만 희다. 마음이 흰 것은 아니다."

우바국다가 말하였다.

和修出家證道。受慶喜尊者法眼。化導有情及止此林。降二火龍歸順佛教。龍因施其地以建梵宮。尊者化緣既久思付正法。尋於吒利國得優波鞠多以為給侍。因問鞠多曰。汝年幾耶。答曰。我年十七。師曰。汝身十七性十七耶。答曰。師髮已白。為髮白耶。心白耶。師曰。我但髮白。非心白耳。鞠多曰。

44) 경희 존자(慶喜尊者) : 아난 존자.
45) 범궁(梵宮) : 절이나 불당을 두루 이르는 말.

"저도 몸이 열일곱 살일지언정 성품이 열일곱 살인 것은 아닙니다."

상나화수 존자는 그가 법기임을 알고 그 뒤로 3년 만에 머리를 깎아 구족계를 주고 이렇게 말하였다.

"옛적에 여래께서 위없는 정법안장을 가섭 존자에게 부촉하신 이래로 차례차례 전하여 나에게 이르렀는데 이제 다시 그대에게 전하니 그대는 끊이지 않도록 힘써라. 그대는 나의 가르침을 받고 나의 게송을 들어라."

법 아니고 마음도 아니어서
맘이랄 것, 법이랄 것 없나니
마음이다, 법이다 설할 때는
그 법은 마음법이 아니로다

我身十七。非性十七也。和修知是法器。後三載遂為落髮受具。乃告曰昔如來以無上法眼藏付囑迦葉。展轉相授而至於我。我今付汝勿令斷絕。汝受吾教。聽吾偈言。

非法亦非心(舊作非法亦非法今依寶林傳正宗記改作非法亦非心)[46)]
無心亦無法
說是心法時
是法非心法

---

46) 구본에서는 비법역비법(非法亦非法)이라고 하였는데 지금은 『보림전』과 『정종기』에 의지하여 비법역비심(非法亦非心)으로 바꾸었다. (원주)

게송을 마치고는 곧 계빈국(罽賓國) 남쪽에 있는 상백산(象白山)에 은거하였다.

그 뒤에 삼매 속에서 보니 제자인 우바국다가 5백 제자를 거느리고 있는데 항상 게으름을 부리고 있었다.

상나화수 존자는 곧 그들에게 가서 용분신삼매를 나타내어 조복시키고, 이어 게송을 말해 주었다.

통달하면 '너'니 '나'니 하는 것이 없고
지극한 성인에겐 장점도 단점도 없나니
너희들이 교만한 뜻을 버리면
빨리 아라한을 얻게 되리라

說偈已。即隱於罽賓國南象白山中。後於三昧中見弟子鞠多。有五百徒眾常多懈慢。尊者乃往彼。現龍奮迅三昧以調伏之。而說偈曰。

通達非彼此
至聖無長短
汝除輕慢意
疾得阿羅漢

5백 비구들이 이 게송을 듣고 모두가 가르친 바대로 행하여 무루(無漏)[47]의 과위를 얻었다.

상나화수 존자가 열여덟 가지 변화를 부려 화광삼매(火光三昧)로써 자기의 몸을 사르니, 우바국다가 사리를 거두어서 범가라산(梵迦羅山)에 장사지냈다.

5백 비구가 번(幡)[48] 하나씩을 들고 그곳으로 가서 탑을 세우고 공양하니, 때는 주나라 선왕(宣王) 22년 을미년이었다.

五百比丘聞偈已。依教奉行皆獲無漏。尊者乃作十八變火光三昧用焚其身。鞠多收舍利葬於梵迦羅山。五百比丘人持一幡。迎導至彼建塔供養。乃宣王二十二年[49]乙未歲也。

---

47) 무루(無漏) : 번뇌를 완전히 여읜 것.

48) 번(幡) : 불보살의 위덕을 나타내는 깃발.

49) 二十二年이 송, 원, 명, 청나라본에는 二十三年으로 되어있다. 단 송, 원나라본 주에는 二十二年으로 되어있다.

 토끼뿔

'법 아니고 마음도 아니어서
맘이랄 것, 법이랄 것 없나니
마음이다, 법이다 설할 때는
그 법은 마음법이 아니로다' 함이여

도리어 능소 지음이 깊다 하리.
어찌한 까닭인가?

꽃 머리의 나비도 이른다

제4조 우바국다(優波鞠多) 존자

우바국다 존자[50]는 타리국 사람으로 우바굴다라고도 하고 오바국다라고도 한다. 성은 수타이고 아버지는 선의이다.

17세에 출가하여 20세에 과를 증득하고서 사방으로 교화를 다니다가 마돌라국에 이르렀을 때에는 제도된 사람이 매우 많았다. 이 까닭에 마구니의 궁전이 진동하자, 파순(波旬)[51]은 근심스럽고 두려워서 마의 힘을 다해 바른 법을 해치려고 하였다.

우바국다 존자가 곧 삼매에 들어서 그 내력을 관하고 있는데, 파순이 다시 틈을 타서 몰래 영락(瓔珞)[52]을 가져와 존자의 목에다 걸어 두었다. 존자가 선정에서 나와 사람과 개와 뱀의 세 가지 시체를 가져다 꽃쪽도리로 변화시키고는 부드러운 말로 파순을 위로하였다.

第四祖優波鞠多者。吒利國人也。亦名優波崛多。又名鄔波鞠多。姓首陀。父善意。十七出家。二十證果。隨方行化至摩突羅國。得度者甚衆。由是魔宮震動。波旬愁怖遂竭其魔力以害正法。尊者即入三昧觀其所由。波旬復伺便。密持瓔珞縻之於頸。及尊者出定。乃取人狗蛇三屍化為華鬘。軟言慰諭波旬曰。

---

50) 우바국다 존자(? ~ 기원전 740).

51) 파순(波旬) : 타화자재천의 우두머리로 불법의 수행정진을 방해하는 마왕.

52) 영락(瓔珞) : 목이나 팔 따위에 두르는 구슬로 만든 장신구.

"네가 나에게 매우 진기하고 묘한 영락을 주었으니 내가 가진 꽃쪽도리로 보답하겠다."

파순이 매우 기뻐하면서 목을 빼어 받으니, 곧 세 가지 냄새나는 시체로 변하여 구더기가 우굴거렸다. 파순은 역겨워 매우 괴로워하면서 자기의 신통력을 다하였으나 꼼짝도 하지 않았다. 그리하여 욕계 육천에 올라가서 여러 천왕에게 고하고 또 범왕들에게 가서 풀어주기를 청했으나 그들은 각기 이렇게 말하였다.

"십력(十力)[53]의 제자들이 부린 신통 변화를 우리 같이 평범하고 못난 무리가 어찌 풀겠는가?"

파순이 말하였다.

"그렇다면 어찌해야 합니까?"

범왕이 대답하였다.

"네가 만일 존자님께 마음으로 귀의하면 곧 제거할 수 있으리라."

汝與我瓔珞甚是珍妙。吾有華鬘以相酬奉 波旬大喜引頸受之。即變為三種臭屍蟲蛆壞爛。波旬厭惡大生憂惱。盡己神力不能移動。乃升六欲天告諸天王。又詣梵王求其解免。彼各告言。十力弟子所作神變。我輩凡陋何能去之。波旬曰。然則奈何。梵王曰。汝可歸心尊者即能除斷。

---

53) 십력(十力) : 부처님만이 지니고 있는 열 가지 힘.

그리고 게송을 말해 주어 그의 마음을 돌리게 하였다.

땅으로 인하여 넘어진 이는
땅으로 인하여 일어나야 한다
땅을 떠나서 일어나려 하면
끝끝내 일어날 수가 없다

파순이 가르침을 받고 곧 천궁에서 내려와 존자의 발에 예배하고 슬프게 울면서 참회하였다. 우바국다 존자가 그에게 말하였다.

"너는 지금부터 여래의 바른 법을 방해하지 않겠느냐?"

파순이 대답하였다.

"저는 맹세코 불도에 귀의하여 영원히 악을 끊겠습니다."

우바국다 존자가 말하였다.

乃為說偈令其迴向曰。

若因地倒
還因地起
離地求起
終無其理

波旬受教已。即下天宮禮尊者足哀露懺悔。鞠多告曰。汝自今去。於如來正法更不作嬈害否。波旬曰。我誓迴向佛道永斷不善。鞠多曰。

"만일 그렇다면 스스로 네 입으로 '삼보에 귀의합니다.'라고 외쳐라."

마왕 파순이 합장하고 세 차례 외치자 꽃쪽도리가 모두 없어지니, 그는 뛸 듯이 기뻐하면서 존자에게 예배하고 게송을 말하였다.

삼매의 어른이며 십력의 성인이신
부처님의 제자에게 귀의합니다
제가 이제 불도에 회향하오니
열등함과 연약한 마음 없게 하소서

우바국다 존자가 세상에 사는 동안 교화를 받아 도과를 증득한 이가 가장 많았는데, 한 사람을 제도할 때마다 수를 세는 나뭇가지 하나씩을 석실(石室)에 넣었다.

若然者汝可口自唱言歸依三寶。魔王合掌三唱。華鬘悉除乃歡喜踊躍。作禮尊者而說偈曰。

稽首三昧尊
十力聖弟子
我今願迴向
勿令有劣弱

尊者在世化導證果最多。每度一人以一籌置於石室。

그 석실은 세로가 18주(肘)[54]이고 가로가 12주인데 그 안에 나뭇가지가 가득하였다.

마지막으로 장자의 아들이 있었는데 이름이 향중이었다.

우바국다 존자에게 와서 예를 올리고 출가하기를 간절히 바라니, 존자가 물었다.

"그대의 몸이 출가하는가, 마음이 출가하는가?"

향중이 대답하였다.

"저의 출가는 몸이나 마음으로 하는 것이 아닙니다."

"몸과 마음으로 하는 것이 아니라면 누가 출가하는가?"

"출가란 '나 없는 나'입니다. 이 '나 없는 나'라고 하는 마음에는 생멸이 없으니, 마음에 생멸이 없는 그것이 곧 항상한 도이며 모든 부처님들의 항상함입니다. 마음이 형상 없듯 본체도 그러합니다."

其室縱十八肘。廣十二肘。充滿其間。最後有一長者子。名曰香衆。來禮尊者志求出家。尊者問曰。汝身出家心出家。答曰。我來出家非為身心。尊者曰。不為身心復誰出家。答曰。夫出家者無我我故。無我我故即心不生滅。心不生滅即是常道。諸佛亦常。心無形相其體亦然。

54) 주(肘) : 척도(尺度)의 단위. 1주는 2자, 혹은 1자 5치로 쓰였다.

우바국다 존자가 말하였다.

"그대는 크게 깨달아서 마음을 스스로 통달한 것이니 마땅히 불·법·승에 귀의하여 불법을 계승하라."

그리고는 곧 머리를 깎아주고 구족계를 주며 다시 말하였다.

"그대의 아버지가 일찍이 꿈에 황금빛 해를 보고 그대를 낳았으니, 제다가(提多迦)라 이름하라."

또 말하였다.

"여래께서 정법안장을 차례차례 전하시어 나에게까지 이르렀는데 이제 다시 그대에게 전하니 나의 게송을 들어라."

마음이란 스스로인 본래의 마음이니
본래의 마음에는 법 있는 것 아니로다
본래의 마음 있고 법이란 것 있다 하면
마음도 아니요 본래 법도 아니로다

尊者曰。汝當大悟心自通達。宜依佛法僧紹隆聖種。即為剃度受具足戒仍告之曰。汝父嘗夢金日而生汝。可名提多迦。復謂曰。如來以大法眼藏。次第傳授以至於我。今復付汝。聽吾偈言。

心自本來心
本心非有法
有法有本心
非心非本法

법을 전한 뒤에 허공으로 몸을 솟구쳐 열여덟 가지 변화를 나타내고는 다시 본래의 자리로 돌아와 가부좌로 앉아서 열반에 들었다.

제다가가 석실에 있던 나뭇가지로 그의 시체를 사르고 사리를 거두어 탑을 세워 공양하니, 주나라 평왕(平王) 30년 경자년이었다.

付法已。乃踊身虛空呈十八變。然復本座跏趺而逝。多迦以室內籌用焚其軀。收舍利建塔供養即平王三十年[55]庚子歲也。

55) 三十年이 송, 원, 명, 청나라본에는 三十一年으로 되어 있다. 단 송, 원나라본 주에는 三十年으로 되어 있다.

토끼뿔

참으로 옳고 맞는 말이나
허물 없지 않으니 어쩌랴.

보리밭 위 종달새는 지지배배 노래하고
노랑적삼 남치마의 아씨는 취해 듣네
험.

제5조 제다가(提多迦) 존자

제다가 존자[56]는 마가다국(摩伽陀國) 사람이다. 태어날 때 아버지가 꿈을 꾸었는데, 황금빛 해가 집에서 솟아 천지를 비추자 앞에 있는 큰 산이 온갖 보배로 장엄하게 장식되었고 산마루에서는 샘이 솟아 사방으로 철철 흘렀다고 한다.

뒤에 우바국다 존자를 만났는데 우바국다 존자가 이 꿈을 해석하여 말하였다.

"보배의 산은 내 몸이고 샘이 솟는 것은 법이 다함이 없는 것이며 해가 지붕에서 솟는 것은 네가 지금 도에 들어올 징조이고 천지를 비춘 것은 너의 초월한 지혜이다."

第五祖提多迦者。摩伽陀國人也。初生之時父夢金日自屋而出照耀天地。前有大山諸寶嚴飾。山頂泉涌滂沱四流。後遇鞠多尊者。為解之曰。寶山者吾身也。泉涌者法無盡也。日從屋出者汝今入道之相也。照耀天地者汝智慧超越也。

56) 제다가 존자(? ~ 기원전 690).

존자의 본래 이름은 향중이었는데 스승이 이로 인하여 지금의 이름으로 바꾸니, 범어로는 제다가인데 여기 말로는 통진량(通眞量)이라 한다.

제다가 존자는 스승의 말을 듣자 뛸 듯이 기뻐하면서 게송을 말하였다.

높고 높은 칠보의 산에서
항상 지혜의 샘이 솟아나니
참된 법의 맛으로 돌이켜
능히 인연 있는 모든 이들을 제도하리

우바국다 존자도 게송을 말하였다.

尊者本名香衆。師因易今名焉。梵云提多迦。此云通真量也。多迦聞師說已歡喜踊躍。而唱偈言。

巍巍七寶山
常出智慧泉
迴為真法味
能度諸有緣

鞠多尊者亦說偈曰。

나의 법을 그대에게 전하니
당연히 큰 지혜가 나타나
황금빛 해가 지붕에서 솟아
천지를 비추듯 하리라

제다가 존자가 스승의 묘한 게송을 듣고 예를 갖추어 받들어 지녔다. 그 뒤 중인도로 가니 그곳에는 8천의 선인이 있었는데 그 중 미차가가 으뜸이었다. 미차가는 제다가 존자가 왔다는 말을 듣고 대중을 이끌고 와서 예배한 뒤에 존자에게 말하였다.

"옛날에 스님과 함께 범천(梵天)에 났었는데 나는 아사타 선인을 만나 선인의 법을 배웠고, 스님은 십력의 제자를 만나 선정을 익혔습니다. 이로부터 업보를 달리한 지 이미 여섯 겁이 지났습니다."

제다가 존자가 말하였다.

我法傳於汝
當現大智慧
金日從屋出
照耀於天地

提多迦聞師妙偈設禮奉持。後至中印度。彼國有八千大仙。彌遮迦為首。聞尊者至率眾瞻禮。謂尊者曰。昔與師同生梵天。我遇阿私陀仙人授我仙法。師逢十力弟子修習禪那。自此報分殊途已經六劫。尊者曰。

"여러 겁 동안 헤어졌었다는 말은 진실로 헛된 말이 아니니, 이제 삿된 것을 버리고 바른 길로 돌아와서 불법을 배우라."

미차가가 말하였다.

"옛적에 아사타 선인이 나에게 수기(授記)[57]를 주기를 이로부터 여섯 겁이 지나면 동학(同學)을 만나 무루(無漏)의 과위를 얻으리라고 하였는데, 이제야 만나게 되었으니 옛적의 인연이 아니겠습니까? 바라옵건대 스승께서 자비로 저를 해탈하게 하여 주소서."

제다가 존자가 곧 그를 출가시켜 제도하고 이어 거룩한 율사에게 명하여 계를 주게 하였더니 다른 선인 무리들이 교만한 생각을 내었다. 이에 제다가 존자가 큰 신통을 보이자 모두가 보리의 마음을 내고 일시에 출가하였다.

제다가 존자가 미차가에게 말하였다.

"옛적에 여래께서 정법안장을 가섭 존자에게 전하시어 차례로 전해 나에게까지 이르렀는데, 내가 이제 그대에게 전하니 잘 간직하라."

支離累劫誠哉不虛。今可捨邪歸正以入佛乘。彌遮迦曰。昔阿私陀仙人授我記云。汝却後六劫。當遇同學獲無漏果。今也相遇非宿緣耶。願師慈悲令我解脫。尊者即度出家命聖授戒餘仙衆始生我慢。尊者示大神通。於是俱發菩提心一時出家。乃告彌遮迦曰。昔如來以大法眼藏密付迦葉。展轉相授而至於我。我今付汝當護念之。

57) 수기(授記) : 부처님께서 그 제자에게 내생에 성불하리라고 예언하는 것.

이어 게송을 말하였다.

본래의 마음 법을 통달하면
법도 없고, 법 아님도 없도다
깨달으면 깨닫기 전과 같아
마음이니, 법이니 할 것 없네

게송을 마치고 몸을 허공으로 솟구쳐 열여덟 가지 변화를 지으니 화광삼매로 스스로 그 몸을 태웠다.

미차가가 8천 비구들과 함께 사리를 거두어 반다산에 탑을 세우고 공양하니, 주나라 장왕(莊王) 5년 기축년이었다.

乃說偈曰。
通達本心法[58]
無法無非法
悟了同未悟
無心亦無法

說偈已。踊身虛空作十八變火光三昧自焚其軀。彌遮迦與八千比丘同收舍利。於班茶山中起塔供養。即莊王五年[59]己丑歲也。

58) 心法이 송, 원나라본에는 法心으로 되어있다.
59) 五年이 송, 원, 명, 청나라본에는 七年으로 되어있다. 단 송, 원나라본 주에는 五年으로 되어있다.

토끼뿔

제다가 존자의 전법게의 허물을 씻으리라.

음력 오월 낮달은 눈썹 같고
나주평야 무지개 활 같네
증연아, 차 마시며 즐기자꾸나

제6조 미차가(彌遮迦) 존자

미차가 존자[60]는 중인도 사람으로, 법을 전해 받은 뒤에 교화의 길을 떠나 북천축국에까지 왔다가 망루 위에 상서로운 금빛 구름이 뜬 것을 보고 찬탄하며 말하였다.

"이는 도인의 서기이다. 반드시 대사(大士)가 있어 나의 법을 이으리라."

그리하여 성으로 들어오니, 시장에서 어떤 사람이 손에 술병을 들고 마주 오면서 물었다.

"존자께서는 어디서 오시며 어디로 가시려 하십니까?"

미차가 존자가 대답하였다.

"스스로의 마음에서 비롯하였다고나 할까, 가려 해도 갈 곳이 없다."

그가 말하였다.

"내 손에 있는 물건을 알겠습니까?"

第六祖彌遮迦者。中印度人也。既傳法已遊化至北天竺國。見雉堞之上有金色祥雲。歎曰。斯道人氣也。必有大士為吾法嗣乃入城。於闤闠間有一人。手持酒器逆而問曰。師何方而來欲往何所。師曰。從自心來欲往無處。曰識我手中物否。

60) 미차가 존자(? ~ 기원전 635).

미차가 존자가 말하였다.

"이것은 더러운 그릇으로서 청정함을 등진 것이다."

그가 말하였다.

"존자께서는 나를 아시겠습니까?"

미차가 존자가 말하였다.

"'나'란 아는 것이 아니요, 안 것이라면 '나'가 아니다."

또 말하였다.

"그대의 성명이나 말해 봐라. 그 다음에는 나도 응당 본래의 인연을 보이리라."

그가 게송으로 대답하였다.

나는 한량없는 겁부터
이 나라에 나기까지
본래 성은 바라타라 하고
이름은 바수밀이라 하오

師曰。此是觸器而負淨者。曰師還識我否。師曰。我即不識識即非我。又謂曰。汝試自稱名氏。吾當後示本因。彼人說偈而答。

我從無量劫。
至于生此國。
本姓頗羅墮。
名字婆須蜜。

미차가 존자가 말하였다.

"나의 스승인 제다가 존자께서 '세존께서 북인도를 지나시다가 아난에게 말씀하시기를 내가 열반에 든 지 3백 년 뒤에 성은 바라타이고 이름은 바수밀이라 하는 성인이 이 나라에 태어나 나의 선맥(禪脈)에서 일곱째 조사가 되리라고 하셨다'라고 하셨는데, 세존께서 그대를 예언하신 것이다. 그대는 응당 출가하라."

그는 곧 술병을 내려놓고 미차가 존자의 곁에 서서 말하였다.

"제가 지난 겁의 일을 생각해 보니, 일찍이 보시행을 할 때 어떤 여래께 보배좌석을 바치니 그 부처님께서 '너는 현겁이 되면 석가의 법이 퍼지는 시기에 불법을 선전하리라'라고 수기를 하셨는데, 지금 스님의 말씀과 부합됩니다. 바라건대 저를 제도해 주소서."

미차가 존자가 곧 머리를 깎아주어 계상(戒相)[61]을 원만하게 회복시켜준 뒤 말하였다.

"정법안장을 이제 너에게 전하니 끊이지 않게 하라."

그리고는 게송을 말하였다.

師曰。我師提多迦說。世尊昔遊北印度。語阿難言。此國中吾滅後三百年有一聖人。姓頗羅墮。名婆須蜜。而於禪祖當獲第七。世尊記汝。汝應出家。彼乃置器禮師側立而言曰。我思往劫嘗作檀那。獻一如來寶座。彼佛記我云。汝於賢劫釋迦法中宣傳至教。今符師說。願加度脫。師即與披剃復圓戒相。乃告之曰。正法眼藏今付於汝勿令斷絕。乃說偈曰。

61) 계상(戒相) : 계법(戒法)의 여러 가지 차별. 여기서는 계행이 일치된 지위를 말한다.

맘이랄 것 없으면 얻음도 없어서
설함에 법이라 이름할 것도 없네
만약에 맘이라 하면 마음 아님 깨달으면
비로소 마음인 마음법 안다 하리

대사가 이 게송을 말한 뒤에 사자분신삼매(獅子奮迅三昧)[62]에 들어 7다라수 높이까지 몸을 솟구쳤다가 다시 본래의 자리로 돌아와 삼매의 불로 스스로를 태웠다. 바수밀이 사리를 거두어서 칠보의 함에 담아 부도(浮圖)[63]를 가장 윗자리에 세우니, 양왕(襄王) 14년 갑신년이었다.

無心無可得
說得不名法
若了心非心
始解[64]心心法

師說偈已。入師子奮迅三昧。踊身虛空高七多羅樹。却復本座化火自焚。婆須蜜收靈骨貯七寶函。建浮圖寘于上級。即襄王十四年[65]甲申歲也。

---

62) 사자분신삼매(獅子奮迅三昧) : 사자와 같은 대위력의 삼매.
63) 부도(浮圖) : 스님의 사리나 유골을 넣는 탑.
64) 解가 대만 전등록본에는 了로 되어 있다.
65) 十四年이 송, 원, 명, 청나라본에는 十七年으로 되어있다. 단 송, 원나라본 주에는十五年으로 되어있다.

토끼뿔

미차가 존자의 전법게를 모두 읽고 이르노라.

옳은 말씀이나 어쩌랴. 태산 같은 허물을….

시골장터 아낙네 등 뒤에는
석양의 노을빛 물이 들고

마을 뒤 뭉게뭉게 오른 연기
차라리 서광이라 해둘까

여저기서 들리는 개들 소리
나그네 민박 찾는 것일까

제7조 바수밀(婆須蜜) 존자

바수밀 존자[66]는 북천축국 사람으로 성은 바라타였다. 항상 깨끗한 옷을 입고 술병을 들고 마을을 다니면서 읊조리기도 하고 휘파람도 부니, 사람들이 미쳤다고 하였다.

미차가 존자를 만나 여래의 예언을 전해 듣고 스스로 전생의 인연을 깨달아 술병을 버리고 출가하였다. 법을 받은 뒤에 교화를 하면서 가마라국(迦摩羅國)에까지 가서 광대한 불사를 하였는데, 문득 법좌(法座) 앞에 있던 한 지혜로운 사람이 스스로 청하였다.

"나의 이름은 불타난제인데 이제 대사님과 이치를 토론하고자 합니다."

바수밀 존자가 말하였다.

"그대가 토론한다면 그것은 이미 이치가 아니다. 이치라면 토론할 수 없는 것이다. 만일 이치를 토론하려 하면 끝내 이치의 토론은 아니다."

第七祖婆須蜜者。北天竺國人也。姓頗羅墮。常服淨衣執酒器遊行里閈。或吟或嘯人謂之狂。及遇彌遮迦尊者。宣如來往誌。自省前緣投器出家。授法行化至迦摩羅國廣興佛事。於法座前忽有一智者。自稱我名佛陀難提。今與師論義。師曰。仁者論即不義。義即不論。若擬論義終非義論。

66) 바수밀 존자(? ~ 기원전 588).

불타난제는 바수밀 존자의 이치가 수승한 것을 알고 마음으로부터 탄복하며 말하였다.

"저는 도를 구하여 감로의 맛에 젖고 싶습니다."

바수밀 존자가 머리를 깎아주고 구족계를 준 후 다시 말하였다.

"여래의 정법안장을 지금 그대에게 전하니, 그대는 잘 지녀라."

그리고는 게송을 말해 주었다.

가없는 마음으로
가없는 법 보이니
가없음을 증득하면
옳고 그른 법이 없다

바수밀 존자가 바로 자심삼매(慈心三昧)에 드니, 그때 범왕·제석과 여러 천인들이 모두 와서 절을 하고 게송을 말하였다.

難提知師義勝。心即欽伏曰。我願求道霑甘露味。尊者遂與剃度而授具戒。復告之曰。如來正法眼藏。我今付汝汝當護持。乃說偈曰。

心同虛空界
示等虛空法
證得虛空時
無是無非法

尊者即入慈心三昧。時梵王帝釋及諸天衆。俱來作禮。而說偈言。

현겁의 여러 조사 가운데
일곱째 어른에 해당하시는
존자여, 저희들을 가엾이 여겨
부처의 경지를 말씀해 주십시오

바수밀 존자가 삼매에서 일어나 대중에게 보이고 말하였다.

"내가 얻은 법은 있는 것이 아니다. 만일 부처의 경지를 안다면 있고 없음을 여의었기 때문이다."

이 게송을 말하고 다시 삼매에 들어가서 열반을 보였다. 불타난제가 본래 자리에서 일어나 칠보의 탑을 세우고 전신을 봉안하니, 곧 정왕(定王) 17년 신미년이었다.

賢劫衆聖祖
而當第七位
尊者哀念我
請為宣佛地

尊者從三昧起示衆云。我所得法而非有故。若識佛地離有無故。說此語已。還入三昧示涅槃相。難提即於本座起七寶塔以葬全身。即定王十七年[67]辛未歲也。

67) 十七年이 송, 원, 명, 청나라본에는 十九年으로 되어 있다. 단 송, 원나라본 주에는 十七年으로 되어 있다.

 토끼뿔

바수밀 존자의 전법게를 모두 읽고 이르노라.

어허….
김제 하면 넓고 넓은 들이고
강원 하면 원림의 산악일세
험.

제8조 불타난제(佛陀難提) 존자

불타난제 존자[68]는 가마라국(迦摩羅國) 사람으로 성은 구담이다. 정수리에 육계(肉髻)[69]가 있고 말재주가 뛰어나 막힘이 없었다.

처음에 바수밀 존자를 만나 출가하여 교법을 받았는데, 오래지 않아 무리를 거느리고 교화를 떠나 제가국(提伽國)의 성에 있는 비사라라는 이의 집에 이르렀을 때, 지붕 위에 흰 광명이 위로 솟는 것이 보였다. 불타난제 존자가 제자들에게 말하였다.

"이 집에는 반드시 성인이 있을 것이다. 말은 못하나 참으로 대승의 그릇이요, 네거리를 다니지는 못하나 더러운 것은 알리라."

말을 마치자 장자가 나와 인사를 드리면서 무엇이 필요하냐고 물었다.

불타난제 존자가 대답하였다.

"나는 시자를 구하오."

第八祖佛陀難提者。迦摩羅國人也。姓瞿曇氏。頂有肉髻辯捷無礙。初遇婆須蜜尊者出家受教。既而領徒行化至提伽國城毘舍羅家。見舍上有白光上騰。謂其徒曰。此家當有聖人。口無言說真大乘器。不行四衢知觸穢耳。言訖。長者出致禮問何所須。尊者曰。我求侍者。

---

68) 불타난제 존자(? ~ 기원전 533).

69) 육계(肉髻) : 머리 정수리에 튀어나온 살로, 부처님의 신체 특징 중 하나.

장자가 말하였다.

"나에게 복타밀다라고 하는 외아들이 있는데 나이가 이미 오십이 되었건만 아직 말도 못하고 걷지도 못합니다."

불타난제 존자가 말하였다.

"그대의 말과 같다면 참으로 나의 제자요."

불타난제 존자가 그를 보니 벌떡 일어나 절을 하고 게송을 말하였다.

부모도 나와 친한 이가 아니니
누가 가장 친한 이인가요
모든 부처라 하면 나의 도가 아니니
무엇이 최고의 도인가요

불타난제 존자가 게송으로 대답하였다.

曰我有一子。名伏馱蜜多。年已五十。口未曾言足未曾履。尊者曰。如汝所說真吾弟子。尊者見之遽起禮拜。而說偈曰。

父母非我親
誰是最親者
諸佛非我道
誰是最道者

尊者以偈答曰。

네가 한 말이 마음과 친하면
부모에 견줄 바 아니요
네 행이 도와 합하면
모든 부처님 마음도 곧 이것이다

밖으로 형상 있는 부처를 구하면
너와 같은 바탕이 아니리니
너의 근본 마음을 알고자 하면
합하지도 말고 여의지도 말라

복타밀다가 불타난제 존자의 묘한 게송을 듣고 곧 일곱 걸음을 걸었다.

불타난제 존자가 말하였다.

汝言與心親　　外求有相佛
父母非可比　　與汝不相似
汝行與道合　　欲識汝本心
諸佛心即是　　非合亦非離

伏馱蜜多聞師妙偈便行七步。師曰。

"이 사람이 옛적에 부처님을 만나 비원(悲願)이 광대하였는데 부모가 애정을 버리기 어려울까 염려하여 말도 하지 않고 걷지도 않았었다."

그러자 장자는 곧 아들을 놓아주어 출가하게 하였다. 존자는 이어서 구족계를 주고 다시 말하였다.

"내가 지금 여래의 정법안장을 그대에게 전하니 끊이지 않도록 하라."

그리고는 게송을 말하였다.

허공이 안팎 없듯
마음법도 그러하네
허공이치 요달하면
진여이치 통달하네

此子昔曾值佛悲願廣大。慮父母愛情難捨故不言不履耳。時長者遂捨令出家。尊者尋授具戒。復告之曰。我今以如來正法眼藏付囑於汝勿令斷絕。乃說偈曰。

虛空無內外
心法亦如此
若了虛空故
是達真如理

복타밀다가 스승의 법을 받고 나서 게송으로 찬탄하였다.

나의 스승은 선맥의 조사 중에
응당 제8조가 되시어
법으로 한량없는 중생을 교화하시니
모두가 아라한을 얻게 되었네

그때에 불타난제 존자가 신통변화를 나타내었다가 다시 제자리로 돌아와서 장엄하게 열반에 드니, 대중이 보배탑을 세워 그 전신을 봉안하였다. 이는 곧 경왕(景王) 10년 병인년이었다.

伏馱蜜多承師付囑。以偈讚曰。
我師禪祖中
當得為第八
法化眾無量
悉獲阿羅漢
爾時尊者佛陀難提。即現神變却復本坐儼然寂滅。眾興寶塔葬其全身。即景王十年[70]丙寅歲也

70) 十年이 송, 원, 명, 청나라본에는 十二年으로 되어있다. 단 송, 원나라본 주에는 十年으로 되어있다.

 토끼뿔

불타난제 존자의 전법게를 모두 읽고 이르노라.

옳기도 옳고 마지 못해서라고도 하겠으나 어쩌랴.
둘 아닌 경지란 깨닫는 것이 아니며, 진여는 사무치는 것도 아닐세.

계곡물은 저리도 바쁜데
매미들은 한가한 노래일세
험.

제9조 복타밀다(伏馱蜜多) 존자

복타밀다 존자[71]는 제가국(提伽國) 사람으로 성은 비사라이다. 불타난제 존자의 법을 받고 중인도에서 교화할 때 향개라는 장자가 외아들의 손을 잡고 와서 복타밀다 존자에게 예배하고 말하였다.

"이 아이가 태중에 60년이나 있었으므로 난생(難生)이라 부릅니다. 그리고 일찍이 한 선인을 만났는데, 이 아이를 보고 말하기를 '범상치 않으니 반드시 법기가 되리라.'라고 하였습니다. 이제 존자를 만났으니 출가하게 하고자 합니다."

복타밀다 존자가 곧 머리를 깎아 주고 또 계를 주었는데 갈마(羯磨)[72]를 할 때에 상서로운 광명이 자리를 비추었고, 이에 감응하여 사리 37개가 나타났다. 이로부터 피로함을 잊고 부지런히 정진하였는데 오래지 않아 존자가 말하였다.

第九祖伏馱蜜多者。提伽國人。姓毘舍羅。既受佛陀難提付囑。後至中印度行化。時有長者香蓋。携一子而來瞻禮尊者曰。此子處胎六十歲。因號難生。復嘗會一仙者。謂此兒非凡當為法器。今遇尊者可令出家。尊者即與落髮授戒。羯磨之際祥光燭座。仍感舍利三七[73]粒現前。自此精進忘疲。既而師告曰。

---

71) 복타밀다 존자(? ~ 기원전 588).

72) 갈마(羯磨) : 계를 받거나 참회하는 의식.

73) 三七이 송, 원나라본에는 三十으로 되어있다.

"여래의 정법안장을 지금 너에게 전하니 그대는 잘 간직하라."
그리고 게송을 말하였다.

진리란 본래에 이름할 수 없으나
이름에 의하여 진리를 드러내니
받아 얻은 진실한 법이라고 하는 것
진실도 아니요, 거짓도 아니로세

복타밀다 존자가 법을 전한 뒤에 곧 멸진삼매(滅盡三昧)[74]에 들어 열반하니, 대중이 향기름과 전단으로 유체를 화장하고 사리를 모아서 나란타 절에 탑을 세웠다. 이는 곧 경왕(敬王) 33년 갑인년이었다.

如來大法眼藏今付於汝。汝護念之。乃說偈曰。
真理本無名
因名顯真理
受得真實法
非真亦非偽
尊者付法已。即入滅盡三昧而般涅槃。眾以香油旃檀闍維真體。收舍利建塔于那爛陀寺。即敬王三十三年[75]甲寅歲也。

74) 멸진삼매(滅盡三昧) : 깨달았다는 것조차 없는 선정.
75) 三十三年이 송, 원, 명, 청나라본에는 三十五年으로 되어있다. 단 송, 원나라본 주에는 三十三年으로 되어있다.

토끼뿔

복타밀다 존자의 전법게를 읽고 이르노라.

'큰 대(大)'자는 '일(一)'자를 꿴 '사람 인(人)'자일세.

칭찬이라 하겠는가, 비웃음이라 하겠는가, 아니면 무엇이라 하겠는가?

험.

제10조 협(脇) 존자

협 존자[76]는 중인도 사람으로 본래의 이름은 난생(難生)이다.

존자가 탄생할 때에 그의 아버지 꿈에 한 마리의 흰 코끼리 등 위에 보배좌석이 있고, 좌석 위에는 밝은 구슬 하나가 놓여 있었는데, 문을 통해 들어오자 광채가 사부대중을 비추었다. 그리고는 꿈을 깨고 나서 마침내 협 존자가 태어났다.

뒤에 복타밀다 존자를 만나 곁에서 시봉을 하였는데, 잠시도 잠을 자지 않아 '그 옆구리를 바닥에 댄 적이 없다.'라고들 말하였다. 이로 인하여 협 존자라고 부르게 되었다.

처음 화씨국(華氏國)에 이르러 어느 나무 밑에서 쉬다가 오른손으로 땅을 가리키면서 대중에게 말하였다.

第十祖脇尊者。中印度人也。本名難生。初尊者將誕。父夢一白象背有寶座座上安一明珠。從門而入光照四衆。既覺遂生。後值伏馱尊者。執侍左右未嘗睡眠。謂其脇不至席。遂號脇尊者焉。初至華氏國憩一樹下。右手指地而告衆曰。

76) 협 존자(? ~ 기원전 447).

"이 땅이 금색으로 변하면 성인이 이 회중에 들어오리라."

말을 마치자 땅이 금색으로 변하니, 이때 부나야사(富那夜奢)라는 장자의 아들이 합장하고 그 앞에 서 있었다.

협 존자가 물었다.

"너는 어디서 왔느냐?"

부나야사가 대답하였다.

"제 마음은 갈 곳이 없습니다."

"너는 어느 곳에 머무는가?"

"제 마음은 그침도 없습니다."

협 존자가 말하였다

"너는 정함도 없다는 것이냐?"

부나야사가 말하였다.

"모든 부처님들도 또한 그러하십니다."

"너는 모든 부처가 아니다."

"모든 부처라 해도 존귀한 자는 아닙니다."

협 존자가 이어서 게송을 말하였다.

此地變金色當有聖人入會。言訖即變金色。時有長者子富那夜奢。合掌前立。尊者問。汝從何來。夜奢曰。我心非往。尊者曰。汝何處住。曰我心非止。尊者曰。汝不定耶。曰諸佛亦然。尊者曰。汝非諸佛。曰諸佛亦非尊者。因說偈曰。

이 땅이 금색으로 변하여
성인이 이를 것을 예언하니
보리수 밑에 앉아서
깨달음의 꽃을 피웠네

부나야사도 게송을 말하였다.

스승께서 금색 땅에 앉아
항상 진실한 이치를 설하셔
빛을 돌이켜 나를 비추게 함으로
삼매에 들게 하시네

此地變金色　　　師坐金色地
預知於聖至　　　常說真實義
當坐菩提樹　　　迴光而照我
覺華而成已　　　令入三摩諦
夜奢復說偈曰。

협 존자가 그의 뜻을 알고 곧 제자로 삼아 구족계를 주고 다시 말하였다.

"여래의 정법안장을 지금 그대에게 전하니 그대는 잘 지녀라."

그리고는 이어 게송을 말하였다.

참된 몸 스스로 이러-히 참다우니
참됨을 설함으로 인해 진리란 것 있다 하나
참답게 참된 법을 깨달아 얻으면
베풀 것도 없으며 그칠 것도 없다네

협 존자가 법을 전한 뒤에 곧 신통변화를 나타냈다가 열반에 드니, 삼매의 불로 스스로를 태웠다.

尊者知其意。即度出家復具戒品。乃告之曰。如來大法眼藏今付於汝。汝護念之。乃說偈言。

真體自然真
因真說有理
領得真真法
無行亦無止

尊者付法已。即現神變而入涅槃。化火自焚。

사부대중이 제각기 옷자락에다 소중하게 사리를 담아다가 곳곳에다 탑을 세우고 공양하니, 정왕(貞王) 28년 기해년이었다.

四衆各以衣祴盛舍利。隨處興塔而供養之。即貞王二十八年[77]己亥歲也。

77) 二十八年이 송, 원, 명, 청나라본에는 二十二年으로 되어 있다. 단 송, 원나라본 주에는 二十七年으로 되어 있다.

토끼뿔

옳기는 심히 옳으나….
험.

(자리에서 내리다.)

제11조 부나야사(富那夜奢) 존자

부나야사 존자[78]는 화씨국(華氏國) 사람으로 성은 구담이고 아버지는 보신이다. 협 존자의 법을 전해 받은 뒤에 바라나국(波羅奈國)에 가니, 마명 대사라는 이가 마중 나와 예배하고 물었다.

"저는 부처를 알고자 하는데 어떤 것이 부처입니까?"

부나야사 존자가 대답하였다.

"네가 부처를 알고자 하는데 알지 못하는 바로 그것이니라."

"부처도 모르는데 어찌 그것인들 알겠습니까?"

"부처도 알지 못하거늘 어찌 그것이 아닌 줄은 아는가?"

"이는 톱〔鋸〕의 이치입니다."

"너는 나무의 이치이다."

부나야사 존자가 다시 물었다.

"톱의 이치란 무엇이냐?"

"스승과 나옴이 다르지 않습니다."

第十一祖富那夜奢。華氏國人也。姓瞿曇氏。父寶身。既得法於脇尊者。尋詣波羅奈國。有馬鳴大士迎而作禮。因問曰。我欲識佛。何者即是。師曰。汝欲識佛。不識者是。曰佛既不識焉知是乎。師曰。既不識佛焉知不是。曰此是鋸義。師曰。彼是木義。復問。鋸義者何。曰與師平出。

78) 부나야사 존자(? ~ 기원전 388).

마명이 다시 물었다.

"나무란 뜻은 무엇입니까?"

"네가 나의 쪼갬을 당한 것이다."

마명이 활연(豁然)[79]히 깨닫고 머리를 조아려 제자가 되기를 원하였다. 부나야사 존자가 대중을 향해 말하였다.

"이 대사는 옛날에 비사리국(毘舍離國)의 왕이었다. 그 나라에 말처럼 생긴 한 사람이 있었는데 발가벗고 있었다. 그래서 왕이 신통력으로 누에가 되어 그로 하여금 옷을 지어 입게 하였다.

그 뒤에 왕이 다시 중인도에 태어날 때 그 말과 같은 사람이 감동되어 슬프게 우니, 사람들이 그 소리를 듣고 왕을 마명(馬鳴)이라 이름하였다.

여래께서 '내가 열반에 들고 나서 600년 후에 마명이라는 어진이가 나타나서 바라나국에서 외도를 굴복시키고 한량없는 사람을 제도하여 나의 법을 계승하리라.'라고 수기하셨는데, 지금이 바로 그때이다."

又問。木義者何。師曰。汝被我解。馬鳴豁然省悟。稽首歸依遂求剃度。師謂眾曰。此大士者。昔為毘舍離國王。其國有一類人如馬裸露。王運神力分身為蠶。彼乃得衣。王後復生中印度。馬人感戀悲鳴。因號馬鳴焉。如來記云。吾滅度後六百年。當有賢者馬鳴。於波羅柰國摧伏異道。度人無量繼吾傳化。今正是時。

---

79) 활연(豁然) : 막힌 것 없이 밝게 깨달은 상태.

그리고 마명에게 분부하였다.

"여래의 정법안장을 지금 그대에게 전하노라."

곧 게송을 말하였다.

미혹과 깨침이란 숨음과 드러남〔隱顯〕[80] 같다 하나
밝음과 어둠이 서로가 여읠 수 없는 걸세
이제 숨음이 드러난 법 부촉한다지만
하나도 아니요, 둘도 또한 아니로세

부나야사 존자가 법을 전한 뒤에 곧 신통변화를 나타냈다가 이러-히 가없는 열반에 드니 대중이 보배탑을 세워 전신을 봉안하였다. 이는 곧 안왕(安王) 19년 무술년이었다.

即告之曰。如來大法眼藏今付於汝。即說偈曰。

迷悟如隱顯
明暗不相離
今付隱顯法
非一亦非二

尊者付法已。即現神變湛然圓寂。眾興寶塔以閟全身。即安王十九年[81]戊戌歲也。

---

80) 은현(隱顯) : 원문의 은현(隱顯)은 때로는 드러나고 때로는 흔적마저 없음을 뜻한다.
81) 十九年이 송, 원, 명, 청나라본에는 十四年으로 되어있다. 단 송, 원나라본 주에는 十九年으로 되어있다.

토끼뿔

부나야사 존자의 전법게를 읽고 이르노라.

가려낼 수 있는 것 아니거늘 어찌 드러남인들 서랴.
대는 위로 크고
칡은 가로 뻗네
험.

제12조 마명(馬鳴) 대사

마명 대사[82]는 바라나국(波羅奈國) 사람으로 공승(功勝)이라고도 하니, 함이 있거나 함이 없는 모든 공덕이 모두 한량없이 수승하였으므로 그렇게 불렀다.

부나야사 존자에게 법을 받은 뒤에 화씨국에서 묘한 법륜을 굴릴 때에 홀연히 어떤 노인이 법좌 앞에 엎드렸다.

대사가 대중에게 말하였다.

"이는 예사 부류가 아니다. 반드시 특이한 상서가 있을 것이다."

말을 마치자 보이지 않더니, 잠시 후에 땅에서 금빛이 나는 사람 한 명이 솟았다가 다시 여자로 변하여 오른손으로 대사를 가리키면서 게송을 말하였다.

第十二祖馬鳴大士者。波羅奈國人也。亦名功勝。以有作無作諸功德最為殊勝故名焉。既受法於夜奢尊者。後於華氏國轉妙法輪。忽有老人座前仆地。師謂眾曰。此非庸流當有異相。言訖不見。俄從地踊出一金色人。復化為女子右手指師。而說偈曰。

82) 마명 대사(? ~ 기원전 332).

존귀하신 어른께 머리를 숙입니다
여래의 수기를 받으시고
지금 이 땅에서
제일의 뜻을 널리 전파하시네

게송을 마치고 홀연히 사라지니, 대사가 다시 대중에게 말하였다.

"곧 마(魔)가 와서 나와 힘을 겨루리라."

조금 있으니 비바람이 갑자기 닥쳐와서 천지가 아득해졌다.

대사가 말하였다.

"마가 온 것이 분명하다. 내가 응당 제거하리라."

곧 공중을 가리키니 하나의 큰 금룡(金龍)이 나타나서 위력을 발휘하자 산천이 진동하였다. 대사가 태연히 앉아있으니 마의 장난이 곧 소멸되었다.

稽首長老尊
當受如來記
今於此地上
宣通第一義

說偈已瞥然不見。師曰。將有魔來與吾校力。有頃風雨暴至天地晦冥。師曰。魔之來信矣。吾當除之。即指空中現一大金龍。奮發威神震動山岳。師儼然於座魔事隨滅。

7일이 지나서 메뚜기만한 작은 벌레가 법좌 밑으로 숨어드니, 대사가 손으로 잡아내어 대중에게 보이면서 말하였다.

"이것은 마가 변화한 것인데 나의 법을 몰래 들으러 왔다."

그리고는 곧 놓아주어 가게 하였으나 마가 움직이지 못하였다. 대사가 그에게 말하였다.

"네가 삼보에 귀의하기만 하면 곧 신통을 얻게 되리라."

마(魔)가 드디어 본래 형태를 회복하여 절을 하면서 참회하니, 대사가 물었다.

"네 이름은 무엇이며 권속은 얼마나 되느냐?"

"제 이름은 가비마라이고 권속은 3천입니다."

"네가 신통력을 다하면 어떤 변화를 일으킬 수 있느냐?"

"제가 큰 바다를 변화시키는 것은 극히 작은 일입니다."

대사가 말하였다.

"네가 성품의 바다도 변화시킬 수 있겠느냐?"

"무엇을 성품의 바다라 합니까? 일찍이 저는 안 적도 없습니다."

經七日有一小蟲。大若蟭螟潛形座下。師以手取之示衆曰。斯乃魔之所變。盜聽吾法耳。乃放之令去。魔不能動。師告之曰。汝但歸依三寶即得神通。遂復本形作禮懺悔。師問曰。汝名誰耶。眷屬多少。曰我名迦毘摩羅有三千眷屬。師曰。汝盡神力變化若何。曰我化巨海極為小事。師曰。汝化性海得否。曰何謂性海。我未嘗知。

대사가 그에게 성품의 바다를 말해주었다.

"산하대지가 이에 의하여 건립되고, 삼매와 육신통(六神通)[83]이 이로 말미암아 발현된다."

가비마라가 이 말을 듣고 신심을 내어 그의 권속 3천을 데리고 출가하기를 원하였다. 대사는 5백 명의 아라한을 불러 구족계를 주게 하고 이어 그에게 분부하였다.

"여래의 정법안장을 지금 그대에게 전하니, 그대는 나의 게송을 들어라."

숨었느니 드러났느니 하지만 본래의 법에는
밝음과 어두움이 원래에 둘 아니라
깨달아 마친 법을 전한다고 하지만
취함도 아니요, 여읨도 아니로세

師即為說性海云。山河大地皆依建立。三昧六神(舊云六神通依正宗記除神字)通由茲發現。迦毘摩羅聞言遂發信心與徒眾三千俱求剃度。師乃召五百羅漢與授具戒。復告之曰。如來大法眼藏今當付汝。汝聽偈言。

隱顯即本法
明闇元不二
今付悟了法
非取亦非離

---

83) 구본에는 육신통을 『정종기』에 의지했기에 神자를 없애버렸다. (원주)

법을 전한 뒤에 바로 용분신삼매(龍奮迅三昧)[84]에 들어 몸을 공중에 솟구쳐서 마치 태양과 같은 모양을 보인 후에 열반에 들었다.

사부대중이 참 몸을 용감(龍龕)[85]안에 봉안하니, 곧 현왕(顯王) 42년 갑오년이었다.

付法已。即入龍奮迅三昧。挺身空中如日輪相。然後示滅。四眾以真體藏之龍龕。即顯王四十二年[86]甲午歲也。

84) 용분신삼매(龍奮迅三昧) : 용맹한 위력을 나타낸 삼매.

85) 용감(龍龕) : 닷집, 관.

86) 四十二年이 송, 원, 명, 청나라본에는 三十七年으로 되어있다. 단 송, 원나라본 주에는 四十二年으로 되어있다.

토끼뿔

마명 대사의 전법게를 읽고 이르노라.

둘 아니거니 어찌 숨고 드러나며
취함도 여윔도 아닌데 어찌 깨달은 법을 말할꼬.

음력 열이틀 낮 하늘에
해와 달이 같이 떴다

제13조 가비마라(迦毘摩羅) 존자

가비마라 존자[87]는 화씨국(華氏國) 사람으로 처음에 외도가 되어 3천 명의 제자를 거느리고 온갖 외도의 이론을 통달하였다.

뒤에 마명 존자를 만나 법을 받고서는 무리들을 거느리고 서인도로 갔다. 거기에는 운자재(雲自在)라는 태자가 있었는데 가비마라 존자의 명성을 듣고 앙모하여 궁중에 청해 공양하려 하였다.

가비마라 존자가 말하였다.

"여래의 가르침에 사문은 국왕이나 대신 등 세도가 있는 집과는 가까이하지 말라 하셨소."

태자가 말하였다.

"지금 저희 나라 서울 북쪽에 큰 산이 있는데 산 속에는 석굴 하나가 있으니, 스님께서 선적 도량으로 삼지 않으시겠습니까?"

가비마라 존자가 말하였다.

"좋습니다."

第十三祖迦毘摩羅者。華氏國人也。初為外道有徒三千通諸異論。後於馬鳴尊者得法領徒至西印度。彼有太子。名雲自在。仰尊者名請於宮中供養尊者曰。如來有教沙門不得親近國王大臣權勢之家。太子曰。今我國城之北有大山焉。山中有一石窟。師可禪寂于此否。尊者曰諾。

---

87) 가비마라 존자(? ~ 기원전 274).

그리고는 그 산으로 들어가서 몇 리를 가다가 큰 뱀 하나를 만났는데, 가비마라 존자가 돌아보지도 않고 곧바로 가니 드디어 존자의 몸을 칭칭 감았다. 존자가 삼귀의를 일러주자, 뱀이 듣고는 곧 몸을 풀고 갔다. 그리고나서 가비마라 존자가 석굴에 이르렀을 때에 어떤 노인이 소복을 하고 나와서 합장하고 문안을 하였다.

가비마라 존자가 물었다.

"그대는 어디에 사는가?"

"저는 옛적에 비구였는데 조용한 것을 몹시 좋아하였습니다. 그때에 어떤 초학자인 비구가 자주 와서 물었는데 대답하기를 귀찮게 여겨 성을 내었습니다. 그런 까닭에 목숨이 다한 뒤에 뱀이 되어 이 굴 속에 산지가 지금까지 이미 천 년이 되었습니다. 이제 마침 존자를 만나 계법을 듣게 되었으므로 사례하러 왔습니다."

가비마라 존자가 물었다.

"이 산에 또 어떤 사람이 사는가?"

"북쪽으로 십 리를 가면 대수(大樹)라는 분이 있으니 큰 용과 같은 제자들이 5백 명 있습니다.

即入彼山行數里逢一大蟒。尊者直進不顧。遂盤繞師身。師因與受三歸依。蟒聽訖而去。尊者將至石窟。復有一老人素服而出合掌問訊。尊者曰。汝何所止。答曰。我昔嘗為比丘多樂寂靜。有初學比丘數來請益。而我煩於應答起瞋恨想。命終墮為蟒身。住是窟中今已千載。適遇尊者。獲聞戒法故來謝耳。尊者問曰。此山更有何人居止。曰北去十里有大樹蔭覆五百大龍。

왕이 그 분을 용수(龍樹)라 했는데 항상 용과 같은 무리에게 설법을 해주는 것을 내 귀로도 들었습니다."

가비마라 존자가 무리를 거느리고 그곳으로 가니, 용수가 존자를 맞이하면서 말하였다.

"깊은 산이 외롭고 적적하여 용과 뱀이나 사는 곳인데, 대덕께서는 지극히 높으신 몸이거늘 어찌 오셨습니까?"

"나는 지극히 높은 이가 아니다. 그대를 보러 왔을 뿐이다."

용수가 마음속으로 생각하였다.

"이 존자께서 결정된 성품을 얻어서 도의 눈이 밝아졌을까? 큰 성인의 참 법을 이어받았을까?"

"그대가 비록 마음속으로 생각하나 나는 이미 그 생각을 안다. 다만 출가할 결심을 할 뿐, 어찌 내가 성인이 아닐까를 근심하고 있는가?"

용수가 이 말을 듣고 뉘우치며 사과하니 가비마라 존자가 곧 출가를 시켰고, 5백 명의 용과 같은 무리에게도 구족계를 주었다.

其樹王名龍樹。常為龍眾說法。我亦聽受耳。尊者遂與徒眾詣彼。龍樹出迎尊者曰。深山孤寂龍蟒所居。大德至尊何枉神足。師曰。吾非至尊來訪賢者。龍樹默念曰。此師得決定性明道眼否。是大聖繼真乘否。師曰。汝雖心語吾已意知。但辦出家。何慮吾之不聖。龍樹聞已悔謝。尊者即與度脫。及五百龍眾俱授具戒。

그리고 다시 용수에게 말하였다.

"지금 여래의 정법안장을 그대에게 전하니 나의 게송을 들어라."

숨을 수도, 드러날 수도 없는 법이라 함
이것이 참다운 실제를 말함이니
숨음이 드러난 법 깨달았다 하나
어리석음도 아니요 지혜로움도 아니로다

법을 전한 뒤에 곧 신통변화를 나타내어 삼매의 불로 몸을 태우니 용수가 오색 사리를 거두어 탑을 세우고 모셨다. 이는 곧 난왕(赧王) 46년 임진년이었다.

復告龍樹曰。今以如來大法眼藏付囑於汝。諦聽偈言。
非隱非顯法
說是真實際
悟此隱顯法
非愚亦非智
付法已。即現神變化火焚身。龍樹收五色舍利建塔瘞之。即赧王四十六年[88]壬辰歲也。

88) 四十六年이 송, 원, 명, 청나라본에는 四十一年으로 되어있다. 단 송, 원나라본 주에는 四十六年으로 되어있다.

 토끼뿔

가비마라 존자의 전법게를 읽고 이르노라.

숨음도 드러남도 아닌 법이라 함
법도 세울 수 없거늘 어찌 깨달음인들 있으리.
"존자는 가비마라요."

제14조 용수(龍樹) 존자

용수 존자[89]는 서천축국 사람으로 용승(龍勝)이라고도 한다.

처음에 가비마라 존자에게 법을 받고 나중에 남인도로 갔다. 그 나라 사람들은 보시를 행하여 복을 얻는 업을 많이 믿었는데, 용수 존자가 묘법을 설하는 것을 듣고는 서로들 수군거렸다.

"사람에게 복업이 있는 것이 세간에서 제일이다. 헛되이 불성을 말하지만 누가 볼 수 있겠는가?"

용수 존자가 말하였다.

"너희들이 불성을 보고자 하면 먼저 반드시 아만(我慢)을 없애라."

그들이 말하였다.

"불성은 큰 것인가, 작은 것인가?"

"크지도 작지도 않고, 넓지도 좁지도 않으며, 복도 없고 과보도 없으며, 죽지도 나지도 않는다."

第十四祖龍樹尊者。西天竺國人也。亦名龍勝。始於毘羅尊者得法。後至南印度。彼國之人多信福業。聞尊者為說妙法遞相謂曰。人有福業世間第一。徒言佛性誰能覩之。尊者曰。汝欲見佛性先須除我慢。彼人曰。佛性大小。尊者曰。非大非小非廣非狹。無福無報不死不生。

---

89) 용수 존자(? ~ 기원전 212).

그들이 수승한 이치를 듣고 모두가 처음 마음으로 돌이켰다.

용수 존자가 다시 법좌 위에서 보름달 같은 자재한 몸을 나타내니 모든 대중이 오직 법문의 소리만 들을 뿐 존자의 모습은 보지 못하였다.

그 대중 가운데 가나제바라는 장자의 아들이 있다가 대중에게 말하였다.

"이 형상을 알겠는가?"

대중이 말하였다.

"눈으로도 보이지 않거늘 어찌 알겠습니까?"

가나제바가 말하였다.

"이것은 존자께서 불성의 본체와 형상을 나타내셔서 우리들에게 보이신 것이다. 어째서 그렇겠는가? 무상삼매(無相三昧)의 형체가 보름달 같은 것은 불성의 이치가 이러-히 가없이 비고 밝기 때문이다."

말을 마치자, 용수 존자는 보름달 같은 형상을 곧 숨기고 다시 제자리로 돌아와서 게송을 말하였다.

彼聞理勝悉迴初心。尊者復於座上現自在身如滿月輪。一切衆唯聞法音不覩師相。彼衆中有長者子。名迦那提婆。謂衆曰。識此相否。衆曰。目所未覩安能辨識。提婆曰。此是尊者現佛性體相以示我等。何以知之。蓋以。無相三昧形如滿月。佛性之義廓然虛明。言訖。輪相即隱復居本座。而說偈言。

몸을 보름달과 같은 형상으로 나타내어
모든 부처님의 본체를 표하고
설법할 때 그 형체가 없는 것으로
소리와 색이 아님을 밝혔네

그 무리가 게송을 듣자 무생법인(無生法忍)[90]을 단박에 깨닫고서, 모두가 출가하여 해탈을 얻고자 하니 용수 존자는 곧 머리를 깎아 주고 이어 아라한들에게 구족계를 주게 하였다.

그 나라에는 본래부터 5천여 명의 외도가 있어 큰 요술을 부리므로 사람들이 모두 우러러 보았는데 용수 존자가 모두 교화하여 삼보에 귀의하게 하였다.

身現圓月相
以表諸佛體
說法無其形
用辨非聲色
彼衆聞偈頓悟無生。咸願出家以求解脫。尊者即為剃髮命諸聖授具。
其國先有外道五千餘人。作大幻術衆皆宗仰。尊者悉為化之令歸三寶。

90) 무생법인(無生法忍) : 본래 마음에 생멸이 없음을 깨달아 움직임이 없는 것.

또 대지도론(大智度論)[91]·중론(中論)[92]·십이문론(十二門論)[93]을 지어서 후세에 전하였다.

그 뒤 상수(上首) 제자인 가나제바에게 분부하였다.

"여래의 정법안장을 지금 그대에게 전하니 나의 게송을 들어라."

숨었느니 드러났느니 하면 법에 밝다 하랴
밝게 해탈의 이치를 설하려면
저 법에 증득한 바도 없는 마음이어야 하니
성낼 것도 없으며 기쁠 것도 없다네

復造大智度論中論十二門論垂之於世。後告上首弟子迦那提婆曰。如來大法眼藏今當付汝。聽吾偈言。

為明隱顯法
方說解脫理
於法心不證
無瞋亦無喜

91) 대지도론(大智度論) : 대반야바라밀다경을 해석한 것으로 용수 보살이 짓고 진(秦)의 구마라습이 번역하였다. 전100권.

92) 중론(中論) : 중관론. 삼론의 하나로 대승불교의 근본 성전. 용수의 대표작으로 무소득, 중도, 실상의 정관을 투철하게 설파하였다. 전4권.

93) 십이문론(十二門論) : 삼론의 하나. 인연문 내지 관생문(觀生門)의 십이문을 관하여 공의(空義)에 들어가는 것을 설하였다.

법을 전한 뒤에 월륜삼매(月輪三昧)에 들어서 널리 신통변화를 나타내었다가 다시 본래의 자리로 돌아와 응연히 열반에 드니, 가나제바가 모든 사부대중과 함께 보배탑을 세우고 장사 지냈다. 이는 곧 진시황(秦始皇) 35년 기축년이었다.

付法訖入月輪三昧廣現神變。復就本座凝然禪寂。迦那提婆與諸四眾。共建寶塔以葬焉。即秦始皇三十五年己丑歲也。

 토끼뿔

용수 존자의 전법게를 읽고 이르노라.

그러한 말들이 어떻게 있었나요?
하. 하. 하. 크게 웃다.

색 인 표

색 인 표

색 인 표

색 인 표

색 인 표

부록은 농선 대원 선사님의 인가 내력과 법어, 그리고 대원 선사님께서 직접 작사하신 노래 가사를 실었다. 특히 요즘 선지식 없이 공부하는 이들을 위하여 수행의 길로부터 불보살님의 누림까지 닦아 증득할 수 있도록 '부록4'에 '가슴으로 부르는 불심의 노래' 가사를 담았으니, 끝까지 정독하여 수행의 요긴한 지침이 되기를 바란다.

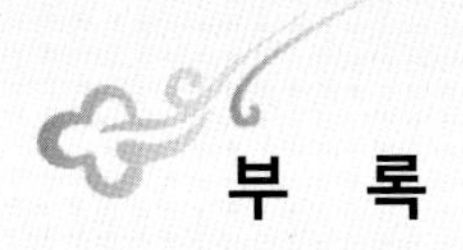

부 록

농선 대원 선사님 인가 내력

제 1 오도송

이 몸을 끄는 놈 이 무슨 물건인가?
골똘히 생각한 지 서너 해 되던 때에
쉬이하고 불어온 솔바람 한 소리에
홀연히 대장부의 큰 일을 마치었네

무엇이 하늘이고 무엇이 땅이런가
이 몸이 청정하여 이러-히 가없어라
안팎 중간 없는 데서 이러-히 응하니
취하고 버림이란 애당초 없다네

하루 온종일 시간이 다하도록
헤아리고 분별한 그 모든 생각들이
옛 부처 나기 전의 오묘한 소식임을
듣고서 의심 않고 믿을 이 누구인가!

此身運轉是何物
疑端汨沒三夏來
松頭吹風其一聲
忽然大事一時了

何謂靑天何謂地
當體淸淨無邊外
無內外中應如是
小分取捨全然無

一日於十有二時
悉皆思量之分別
古佛未生前消息
聞者卽信不疑誰

대원 선사님의 스승이신 불조정맥 제77조 조계종(曹溪宗) 전강(田岡) 대선사님께서 1962년 대구 동화사의 조실로 계실 당시 대원 선사님께서도 동화사에 함께 머무르고 계셨다.

하루는 전강 대선사님께서 대원 선사님의 3연으로 되어 있는 제1오도송을 들어 깨달은 바는 분명하나 대개 오도송은 짧게 짓는다고 말씀하셨다. 이에 대원 선사님께서는 제1오도송을 읊은 뒤, 도솔암을 떠나 김제들을 지나다가 석양의 해와 달을 보고 문득 읊었던 제2오도송을 일러드렸다.

제 2 오도송

해는 서산 달은 동산 덩실하게 얹혀 있고
김제의 평야에는 가을빛이 가득하네
대천이란 이름자도 서지를 못하는데
석양의 마을길엔 사람들 오고 가네

日月兩嶺載同模
金提平野滿秋色
不立大千之名字
夕陽道路人去來

제2오도송을 들으신 전강 대선사님께서는 이에 그치지 않고 그와 같은 경지를 담은 게송을 이 자리에서 즉시 한 수 지어볼 수 있겠냐고 하셨다. 대원 선사님께서는 곧바로 다음과 같이 읊으셨다.

바위 위에는 솔바람이 있고
산 아래에는 황조가 날도다

대천도 흔적조차 없는데
달밤에 원숭이가 어지러이 우는구나

岩上在松風
山下飛黃鳥
大千無痕迹
月夜亂猿啼

전강 대선사님께서는 위 송의 앞의 두 구를 들으실 때만 해도 지그시 눈을 감고 계시다가 뒤의 두 구를 마저 채우자 문득 눈을 뜨고 기뻐하는 빛이 역력하셨다.

그러나 전강 대선사님께서는 여기에서도 그치지 않고 다시 한 번 물으셨다.

"대중들이 자네를 산으로 불러내어 그 중에 법성(향곡 스님 법제자인 진제 스님. 동화사 선방에 있을 당시에 '법성'이라 불렸고, 나중에 '법원'으로 개명하였다.)이 달마불식(達磨不識) 도리를 일러보라 했을 때 '드러났다'라고 답했다는데, 만약에 자네가 당시의 양무제였다면 '모르오'라고 이르고 있는 달마 대사에게 어떻게 했겠는가?"

대원 선사님께서 답하셨다.

"제가 양무제였다면 '성인이라 함도 서지 못하나 이러-히 짐의 덕화와 함께 어우러짐이 더욱 좋지 않겠습니까?' 하며 달마 대사의 손을 잡아 일으켰을 것입니다."

전강 대선사님께서 탄복하며 말씀하셨다.

"어느새 그 경지에 이르렀는가?"

"이르렀다곤들 어찌하며, 갖추었다곤들 어찌하며, 본래라곤들 어찌하리까? 오직 이러-할 뿐인데 말입니다."

대원 선사님께서 연이어 말씀하시자 전강 대선사님께서 이에 환희하시니 두 분이 어우러진 자리가 백아가 종자기를 만난 듯, 고수명창 어울리듯 화기애애하셨다.

달마불식 공안에 대한 위의 문답은 내력이 있는 것이다. 전강 대선사님께서 대원선사님을 부르시기 며칠 전에, 저녁 입선 시간 중에 노장님 몇 분만이 자리에 앉아있을 뿐 자리가 텅텅 비어 있었다고 한다.

대원 선사님께서 이상히 여기고 있던 중, 밖에서 한 젊은 수좌가 대원선사님을 불렀다. 그 수좌의 말이 스님들이 모두 윗산에 모여 기다리고 있으니 가자고 하기에 무슨 일인가 하고 따라가셨다.

그러자 그 자리에 있던 법성 스님이 보자마자 달마불식 법문을 들고 이르라고 하기에 지체없이 답하셨다.

"드러났다."

곁에 계시던 송암 스님께서 또 안수정등 법문을 들고 물으셨다.

"여기서 어떻게 살아나겠소?"

대뜸 큰소리로 이르셨다.

"안·수·정·등."

이에 좌우에 모인 스님들이 함구무언(緘口無言)인지라 대원 선사님께서는 먼저 그 자리를 떠나 내려와 버리셨다.

그 다음날 입승인 명허 스님께서 아침 공양이 끝난 자리에서 지난 밤 입선시간 중에 무단으로 자리를 비운 까닭을 묻는 대중 공사를 붙여

산 중에서 있었던 일들이 낱낱이 드러나고 말았다. 그리하여 입선시간 중에 자리를 비운 스님들은 가사 장삼을 수하고 조실인 전강 대선사님께 참회의 절을 했던 일이 있었다.

전강 대선사님께서는 이때에 대원 선사님께서 달마불식 도리에 대해 일렀던 경지를 점검하셨던 것이다.

이런 철저한 검증의 자리가 있었던 다음 날, 전강 대선사님께서 부르시기에 대원 선사님께서 가보니 모든 것이 약조된 데에서 주지인 월산(月山) 스님께서 입회해 계셨으며 전강 대선사님께서는 곧바로 다음과 같이 전법게(傳法偈)를 전해주셨다.

전 법 게

부처와 조사도 일찍이 전한 것이 아니거늘
나 또한 어찌 받았다 하며 준다 할 것인가
이 법이 2천년대에 이르러서
널리 천하 사람을 제도하리라

佛祖未曾傳
我亦何受授
此法二千年
廣度天下人

덧붙여 이 일은 월산 스님이 증인이며 2000년까지 세 사람 모두 절대 다른 사람이 알게 하거나 눈에 띄게 하지 않아야 한다고 당부하셨다.

만약 그러지 않을 시에는 대원 선사님께서 법을 펴 나가는데 장애가 있을 것이라고 예언하셨다. 또한 각별히 신변을 조심하라 하시고 월산 스님에게 명령해 대원선사님을 동화사의 포교당인 보현사에 내려가 교화에 힘쓰게 하셨다.

대원 선사님께서 보현사로 떠나는 날, 전강 대선사님께서는 미리 적어두셨던 부송(付頌)을 주셨으니 다음과 같다.

부 송

어상을 내리지 않고 이러-히 대한다 함이여
뒷날 돌아이가 구멍 없는 피리를 불리니
이로부터 불법이 천하에 가득하리라

不下御床對如是
後日石兒吹無孔
自此佛法滿天下

위의 계송에서 '어상을 내리지 않고 이러-히 대한다 함이여'라는 첫째 줄 역시 내력이 있는 구절이다.

전에 대원 선사님께서 전강 대선사님을 군산 은적사에서 모시고 계실 당시 마당에서 홀연히 마주쳤을 때 다음과 같은 문답이 있었다.

전강 대선사님께서 물으셨다.

"공적(空寂)의 영지(靈知)를 이르게."

대원 선사님께서 대답하셨다.

"이러-히 스님과 대담(對談)합니다."

"영지의 공적을 이르게."

"스님과의 대담에 이러-합니다."

"어떤 것이 이러-히 대담하는 경지인가?"

"명왕(明王)은 어상(御床)을 내리지 않고 천하 일에 밝습니다."

위와 같은 문답 중에 대원 선사님께서 답하신 경지를 부송의 첫째 줄에 담으신 것이다.

전강 대선사님께서 대원선사님을 인가(印可)하신 과정을 볼 때 한 번, 두 번, 세 번을 확인하여 철저히 점검하신 명안종사의 안목에 탄복하지 않을 수 없으며 이에 끝까지 1초의 머뭇거림도 없이 명철하셨던 대원선사님께 찬탄하지 않을 수 없다.

그리하여 법열로 어우러진 두 분의 자리가 재현된 듯 함께 환희용약하지 않을 수 없다.

이제 전강 대선사님과 약속한 2천년대를 맞이하였으므로 여기에 전법게를 밝힌다.

이로써 경허, 만공, 전강 대선사님으로 내려온 근대 대선지식의 정법의 횃불이 이 시대에 이어져 전강 대선사님의 예언대로 불법이 천하에 가득할 것이다.

농선 대원 선사님 법어

깨달음은 실증실수다. 그러나 지금의 불교가 잘못된 견해와 지식으로 불조의 가르침을 왜곡하고 견성성불 하고자 애쓰는 수행인들을 오히려 길을 잃고 헤매게 하고 있다.

그래서 이 장에서는 대원 선사님의 혜안으로 제방에서 논의되는 불교의 핵심적인 대목을 밝혀, 불조의 근본 종지를 드러내고 불교가 나아가야 할 바를 보였다.

깨달음의 정수를 담은 12게송은 실제 깨닫지 못하고 말로만 깨달음을 말하거나 혹은 깨달았다 해도 보림이 미진한 이들을 경계하게 하며 실증의 바탕에서 닦아 증득할 수 있도록 하였으니 생사를 결단하고 본연한 참나를 회복하려는 이들에게 칠흑 같은 밤길에 등불과 같은 길잡이가 될 것이다.

제방의 선방 상황을 보면 목적지에 이르는 길을 몰라 노정길을 묻고 있는 격이다. 무자와 이뭐꼬 화두가 최고라 하면서도 실제 실참을 하지 못하고 있기 때문이다. '이 무엇인고?' 하면서 이 눈으로 보려 한다면 경계 위에서 찾는 것이어서 억만 겁을 두고 찾아도 찾을 수 없다. 그러므로 깨달아 일체종지를 이룬 스승의 분명한 안목의 지도가 없다면 화두를 들든, 관법을 행하든, 염불을 하든 깨달음을 기약한다는 것이 정말 어렵다 할 것이다.

오후보림

설사 깨달음을 성취했다 해도 그것은 공부의 끝이 아니다. 오후보림을 통해 업을 다해야만 육신통을 자재할 수 있게 되는 것이다. 일상에 육신통을 자재하는 구경본분의 경지일 때 비로소 공부를 마쳤다 할 것이다.

개유불성

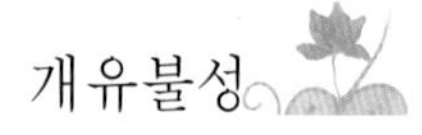

부처님께서 분명히 준동함령 개유불성(蠢動含靈 皆有佛性)이라고 하셨다. 이것은 모든 만물이 다 부처가 될 성품을 갖고 있다는 뜻이다. 불성이 하나라고 주장하는 목소리가 불교계에 드높으나 이것은 개유불성 즉, 낱낱이 제 불성은 제가 지니고 있다는 부처님의 말씀을 정면으로 어기는 말이다.

옛 선사님 말씀에 '천지(天地)가 여아동근(與我同根)이고 만물(万物)이 여아일체(與我一切)'라고 했다. '천지가 여아동근이다' 라는 것은 하늘 땅이 나와 더불어 같은 뿌리라는 말이다.

'나와 더불어'라고 했고 또한 한 뿌리가 아니라 같은 뿌리라고 했다. '더불 여(與)'자와 '같을 동(同)'자가 이미 하나라 할 수 없다는 것을 말해주고 있다. 즉 이 말은 하나와도 같다, 한결같이 똑같다는 말이다. 하나라면 '같을 동'자 뿐만 아니라 일이란 글자도 설 수 없다. 일은 이가 있을 때에야 비로소 설 수 있는 것이다.

그러므로 '천지가 여아동근이다' 즉 하늘과 땅이 나와 더불어 같은 뿌리라는 것은 모든 것이 한결같이 가없는 성품 자체에서 비롯되었다는 말이다.

또한 '만물이 여아일체이다' 즉 만물이 나와 더불어 한 몸이라는 말에서 일체란 하나의 몸을 말하는 것이 아니라 모든 불성이 가없는 성품 자체로 서로 상즉한 온통인 몸을 말하는 것이어서 만물이 나와 더불어 상즉한 자체를 말한 것이다.

공부를 많이 한 사람이 외도에 깊이 떨어지는 경우가 있다. 인가를 받지 못한 선지식들이 모두 체성을 보지 못한 이는 아니다. 가없는 성품 자체에 사무치고 보니 도저히 둘일 수가 없으므로 불성이 하나라고 한 것이다. 그러나 불성이 하나라고 하는 것은 바른 깨달음이 아니다. 그래서 인가를 받지 않으면 외도라 하는 것이다. 체성에 사무쳤다 해도 스승의 지도를 받아 일체종지를 이루지 못하면 이런 큰 허물을 짓는 것이다.

만약 불성이 하나라고 하는 이가 있으면 "아픈 것을 느끼는 것이 몸뚱이냐, 자성이냐?"라고 물어야 한다. 그러면 당연히 누구나 자성이라고 답할 것이다. 만약 몸뚱이가 아픔을 느끼는 것이라면 시체도 아픔을 느껴야 하기 때문이다. 이렇게 볼 때에 자성이 하나라면 누군가 아플 때 동시에 모두 아픔을 느껴야 할 것이다. 또한 한 사람이 생각을 일으킬 때 이를 모두 알아야 한다. 불성이 하나라면 마음도 하나여서 다른 마음이 있을 수 없기 때문이다.

돈오돈수

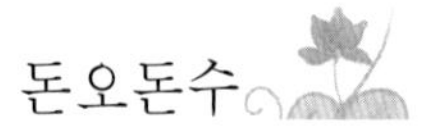

제방에 돈오돈수(頓悟頓修)에 대한 여러 가지 서로 다른 주장으로 시비가 끊어지지 않고 있다. 이로 인해 수행자들이 견성하면 더 이상 닦을 것이 없다는 그릇된 견해에 집착하거나 의심을 일으킬까 염려하여 여기에 바른 돈오돈수의 이치를 밝히고자 한다.

견성이 곧 돈오돈수라고 하는 분들이 많다.

그러나 견성이 곧 구경지인 성불이라면 돈오면 그만이지 돈수란 말은 왜 해놓았겠는가?

또한 오후보림(悟後保任)이라는 말은 무슨 말인가.

금강경에는 네 가지 상(我相, 人相, 衆生相, 壽者相)만 여의면 곧 중생이 아니라는 말이 수없이 되풀이되고 있다.

그런데 제구 일상무상분(第九 一相無相分)을 볼 때 다툼이 없는(곧 모든 상을 여읜) 삼매인(三昧人) 가운데 제일인 아라한도 구경지가 아니니 보살도를 닦아 등각을 거쳐야 구경성불인 묘각지에 이르른다는 사실을 알 수 있다.

또한, 제이십삼 정심행선분(第二十三 淨心行善分)을 보면 부처님께서 "아도 없고, 인도 없고, 중생도 없고, 수자도 없는 가운데 모든 선법(善法)을 닦아야 곧 아뇩다라삼먁삼보리를 얻는다."라고 말씀하시고 있으니 이것은 다름이 아니라 견성한 후에 견성을 한 지혜로써 항상 체성을 여의지 않고, 남은 업을 모두 닦아 본래 갖춘 지혜덕상을 원만하게 회복시켜야 구경성불할 수 있다는 말씀이다.

그렇다면 어째서 돈수일까?

'돈'이란 시공이 설 수 없는 찰나요, '수'란 시간과 공간 속에서 닦는 것이다.

단박에 마친다면 '돈'이면 그만이고, 견성 이전이든 이후든 닦음이 있다면 '수'라고만 할 것이지 어째서 돈과 수가 함께 할 수 있을까? 그야말로 물의 차고 더움은 그 물을 마셔본 자만이 알듯이 깨달은 사람만이 알 것이다.

사무쳐 깨닫고 보니 시공이 서지 않아 이러-히 닦아도 닦음이 없으니 네 가지 상이 없는 가운데 모든 선법을 닦는 것이요, 단박에 깨달으니 색공(色空)이 설 수 없어 이러-한 경지에서 닦음 없이 닦으니 네 가지 상이 없는 가운데 모든 선법을 닦는 것이다.

이와 같이 깨달아서 깨달은 바 없고, 닦아서는 닦은 바 없이 닦아, 남음이 없는 구경지인 성불에 이르는 과정을 돈오돈수라 한다.

견성하면 마음 이외의 다른 물건이 없는 경지인데 어떻게 닦음이 있을 수 있는가 하고 의심하는 분들이 많다. 그러나 견성했다 해도 헤아릴 수 없는 겁 동안에 길들여온 업으로 인하여 경계를 대하면 깨달아 사무친 바와 늘 일치하지는 못한다.

그래서 견성한 지혜로써 항상 체성을 여의지 않고 억겁에 익혀온 업을 제거하고 지혜 덕상을 원만하게 회복시켜야 구경성불할 수 있다.

이것이 앞에서 밝혔듯 금강경에서 부처님께서 하신 말씀이요, 돈오돈수를 주창한 당사자인 육조 대사님께서 하신 말씀이다.

육조단경 돈황본 이십칠 상대법편과 이십팔 참됨과 거짓을 보면 육조 대사님께서 당신의 설법언하에 대오하고도 슬하에서 3, 40년간 보림한 십대 제자들을 모아놓고 말씀하신다.

"내가 떠난 뒤에 너희들은 각각 일방의 지도자가 될 것이다. 그러므로 내가 너희들에게 설법하는 것을 가르쳐서 근본종지를 잃지 않도록 해주리라. 나오고 들어감에 곧 양변을 여의도록 하라." 하시고 삼과(三科)의 법문과 삼십육대법(三十六對法)을 설하셨다.

뿐만 아니라 2, 3개월 후 다시 십대 제자들을 모아놓고 "8월이 되면 세상을 떠나고자 하니 너희들은 의심이 있거든 빨리 물어라. 내가 떠난 뒤에는 너희들을 가르쳐 줄 사람이 없다." 하시며 진가동정게(眞假動靜偈)를 설하시고 외워 가져 수행하여 종지를 잃지 않도록 하라고 거듭 당부를 하시고 있다.

이것을 보아서도 이 사람이 말한 돈오돈수와 육조 대사께서 말씀하신 돈오돈수가 같다는 것을 알 수 있을 것이다.

다시 한 번 밝히자면 돈오란 자신의 체성을 단박에 깨닫는 것이요, 돈수란 깨달은 체성의 지혜로써 닦음 없이 닦는 것으로 이것이 곧 오후 보림이며, 수행자들이 퇴전하지 않고 구경성불할 수 있는 바른 수행의 길이다.

다음은 전등록 제 9권에서 추출한 것이다.

"돈오(頓悟)한 사람도 닦아야 합니까?"

"만일 참되게 깨달아 근본을 얻으면 그대가 스스로 알게 될 것이니 닦는다, 닦지 않는다 하는 것은 두 가지의 말일 뿐이다. 처음으로 발심한 사람들이 비록 인연에 따라 한 생각에 본래의 이치를 단박에 깨달았으나 아직도 비롯함이 없는 여러 겁의 습기(習氣)는 단박에 없어지지 않으므로, 그것을 깨끗이 하기 위하여 현재의 업과 의식의 흐름을 차츰차츰 없애야 하나니 이것이 닦는 것이다. 그것에 따로이 수행하게 하는 법이 있다고 말하지 마라.

들음으로 진리에 들고, 진리를 듣고 묘함이 깊어지면 마음이 스스로 두렷이 밝아져서 미혹한 경지에 머무르지 않으리라. 비록 백천 가지 묘한 이치로써 당대를 휩쓴다 하여도 이는 자리에 앉아서 옷을 입었다가 다시 벗는 것으로써 살림을 삼는 것이니, 요약해서 말하면 실제 진리의 바탕에는 한 티끌도 받아들이지 않지만 만행을 닦는 부문에서는 한 법도 버리지 않느니라. 만일 깨달았다는 생각마저 단번에 자르면 범부니 성인이니 하는 생각이 다하여, 참되고 항상한 본체가 드러나 진리와 현실이 둘이 아니어서 여여한 부처이니라."

"무엇이 돈오(頓悟)이며, 무엇을 점수(漸修)라 합니까?"

"자기의 성품이 부처와 똑같다는 것은 단박에 깨달았으나 비롯함이 없는 옛적부터의 습관은 단박에 제거할 수 없으므로 차츰 물리쳐서 성품에 따라 작용을 일으켜야 하니, 마치 사람이 밥을 먹을 때에 첫술에 배가 부르지 않는 것과 같다."

간화선인가 묵조선인가

나에게 "당신의 지도는 간화입니까, 묵조입니까?"라고 묻는 이들이 있다. 나의 지도법에는 애당초부터 간화니 묵조니 하는 것이 없다. 가없는 성품 자체로 일상을 지어가라는 말이 바로 그것을 대변해주고 있다. 묵조선과 간화선이 나뉜 것은 육조 대사 이후여서 육조 대사 당시까지만 해도 묵조선이니, 간화선이니 하여 나누지 않았다. 나는 육조 대사 당시의 법을 그대로 펴고 있는 것이다.

묵조선과 간화선은 원래 종파가 아니다. 지도받는 이의 근기에 따라 지도한 방편일 뿐이다. 들뜬 생각과 분별망상에서 이끌어내기 위한 방편으로 지도한 것이 묵조선이다. 그렇게 이끌어서 깨달아 사무치면 깨달아 사무친 경지가 일상이 되게끔 다시 이끌어 주어야 하는 것이다.

달마 대사를 묵조선이라고 하는데 중국에 오기 전 달마 대사가 육파외도(六派外道)를 조복시키는 대목을 보면 달마 대사가 묵조선이 아니라는 것이 역력히 드러난다.

다만 황제가 법문을 할 정도였던 그 시대의 교리 위주의 이론불교를 근본불교에 이르게 하기 위한 방편으로 "밖으로 반연하여 일으키는 모든 생각을 쉬고 안으로 구하는 마음마저 쉬어라."라고 가르친 것이다. 간화선도 마찬가지여서 화두라는 용광로에 일체 분별망상을 녹여 없앰으로써 밖으로 반연하여 일으키는 모든 생각을 쉬고, 안으로 구하는 마음마저 쉬게 하여 깨닫게끔 한 것이다.

즉 화두를 들어도 이런 경지에 이르러야 깨달을 수 있는 것이다. 오롯이 끊어지지 않게 화두를 들어서 오직 이러한 경지에 이르러 있다가 어떤 경계에 문득 부딪힘으로써 깨닫게 된다. 결국에는 화두인 모든 공안도리 역시 사무쳐 깨닫게 하기 위한 방편이다.

그러므로 수기설법(隨機說法)하고 응병여약(應病與藥)해야 한다. 나 역시 제자가 이러한 경지에 사무쳐 깨닫게끔 하지만, 이미 사무친 연후에는 가없는 성품 자체에 머물러 있으려고만 하지 말고, 그 경지에서 응하여 모자람 없도록 지어나가야 한다고 지도한다.

묵조나 일행삼매(一行三昧), 어느 쪽도 모든 이에게 정해 놓고 일정하게 주어서는 바른 지도가 될 수 없는 것이다. 내가 앉아서 선화할 때에는 오직 심외무물의 경지만 오롯하게끔 지으라고 지도하는 것은 어떻게 보면 묵조선이다. 그것이 가장 빨리 업을 녹이는 방법이기 때문에 그렇게 지도하는 것이다.

그러나 활동할 때는 가없는 성품 자체로 일상을 지어 가라고 지도했으니 이것은 곧 일행삼매에 이르도록 지도한 것이다. 안팎 없는 경지를 여의지 않는 것이 삼매이니, 일상생활 속에서 여의지 않는 가운데 보고 듣고, 보고 듣되 여의지 않는 그것이 일행삼매이다.

그렇다면 나는 한 사람에게 묵조선과 일행삼매를 다 가르치고 있는 것이 된다. 묵조선이라고 했지만 앉아서는 생사해탈을 위한 멸진정을 익히도록 하고, 그 외에는 다 일행삼매를 짓도록 지도하고 있는 것이어서 한편으로 멸진정을 익히는 가운데 조사선을 짓고 있는 것이다.

어떠한 약도 쓰이는 곳에 따라 좋은 약이 되기도 하고 사약이 되기도 한다. 스승이 진정 자유자재해서 제자가 머물러 있는 부분을 틔워주는 지도를 할 때 그것이 약이 되는 것이다.

그러므로 '나는 간화선만을 가르친다.' 그렇게 지도해서는 안 된다. 부처님께서도 수기설법하라 하셨다. 병을 치료해 주는 것이 약이듯 그 기틀에 맞게끔 설해 주는 것이 참 법이다.

무유정법(無有定法)이라 하지 않았는가. 그 사람의 바탕과 익힌 업력과 현재의 경지 등 모든 것을 참작해서 거기에 알맞게 베풀어 주어야 한다.

부처님의 경을 마가 설하면 마설이 되고, 마경을 부처님께서 설하시면 진리의 경전이 된다는 것도 바로 이런 데에서 하신 말씀이다.

어느 한 종에만 편승하면 안 된다. 우리는 이 속에 오종칠가(五宗七家)의 법을 다 수용해야 된다. 어느 한 법도 버릴 수 없다. 모든 근기에 알맞도록 설해 주고 이끌어 줄 수 있어야 하기 때문이다.

그래서 다만 응하여 모자람이 없이 병에 의하여 약을 줄 뿐, 정해진 법이 없어서 어느 한 법도 따로 취함이 없어야 하는 것이다.

육조 대사께 행창이 찾아와 부처님 열반경 중에서 유상(有常)과 무상(無常)을 가지고 물었을 때 행창이 무상이라 하면 육조 대사는 유상이라 하고, 행창이 유상이라 하면 육조 대사는 무상이라 했다. 왜냐하면 원래부터 무상이니 유상이니가 있을 수 없어서, 부처님께서는 다만 유상이라는 집착을 벗어나게 하기 위해 무상을 말씀하시고, 무상이라는 집착을 벗어나게 하기 위해 유상을 말씀하셨을 뿐이거늘, 행창은 열반경의 이 말씀에 묶여 있었기 때문이다.

육조 대사가 이러한 이치에 대해서 설하자 행창이 곧 깨닫고 오도송을 지어 바쳤다.

이렇게 수기설법할 때 불법이다. 수기설법하지 못하면 임제종보다 더한 것이라 해도 불법일 수 없다.

각각 사람의 근기가 다른데 어떻게 천편일률적인 방법으로 똑같이 교화할 수 있겠는가.

불교 종단은 깨달은 분에 의해 운영되어야 한다 

불교 정상의 지도자는 깨달아 일체종지를 이룬 분으로서, 어떤 이보다도 그 통달한 지혜와 덕과 복을 갖춤이 뛰어나고, 멀리 앞을 내다보는 안목을 지니고 있어야 한다. 그리고 불교 종단은 그분의 말이 법이 되어야 하고, 그분의 지시에 의해 운영되어야 한다.

당연하게 여겨져야 할 이 일이 새삼스러운 일로 여겨지는 것이야말로 크게 개탄해야 될 오늘날 불교계의 현실이다. 왜냐하면 이 일이 새삼스러워진 것만큼 부처님 당시의 법에서 그만큼 멀어졌다는 것을 의미하기 때문이다.

석가모니 부처님 생전에는 부처님 말씀 그대로가 법이었다. 그리고 부처님은 깨달음을 제1의 법으로 두셨다. 그렇기 때문에 부처님의 모든 법문을 가장 많이 알고 있는 다문제일 아난 존자가 깨닫지 못했다는 이유로 부처님 열반 후, 제1차 경전 결집에 참여할 수 없었던 것이다.

이변인 법에 있어서 뿐만 아니라 사변인 승단의 행정에 있어서도 마찬가지였다. 계율을 정하고, 대중을 통솔하고, 승단을 운영하는 일까지 부처님께서 직접 지시하셨다.

모든 제자들은 부처님의 말씀을 따라 그 지시대로 한 마음, 한 뜻으로 부처님의 손발이 되었을 뿐이다. 부처님의 지시야말로 과거, 현재, 미래를 내다보는 안목의 가장 이상적인 행정이었기 때문이다.

우리나라 역시 근대에만 해도 깨달아 법력을 지닌 분이 종정을 지내셨을 때에는 그분의 말씀이 법이었고, 인가 받은 분들이 종회에 계실 때에는 그분들의 말씀을 받들어 종단의 행정이 운영되었다.

하동산 선사나 금오 선사, 효봉 선사 같은 분들이 종정이셨던 1950~60년대까지도 그러하였으니, 종정이 종단 전체의 주요 안건을 결정하는 결정권을 가지고 있었다.

종회 역시 혜암 스님, 금오 스님, 춘성 스님, 청담 스님 등 만공 선사 회상에서 인가 받은 분들이 종회에 계실 때에는 그분들의 뜻에 의거하여 종회 의원들이 승단의 일을 처리하였다.

그러므로 현재에 있어서도 만약 종회에 의해 종단이 운영되어야 한다면, 종회는 깨달아 보림한 분으로 구성되어야 한다. 그러한 종회라면 금상첨화여서 가장 훌륭한 불교 종단 운영이 될 것이다. 그러나 그것이 어려워서 깨달아 보림해서 일체종지를 통달한 분이 종정 한 분이라면, 그 한 분에 의해 모든 통솔이 이루어져야 한다. 만약 깨닫지 못한 분으로 이루어진 종회나 총무원에 의해 종단이 운영된다면, 십중팔구 그것은 진리가 아닌 세속적인 판단으로 흘러가기 때문이다.

이것은 불교 종단뿐만 아니라 한 절에 있어서도 마찬가지이다. 법이 가장 뛰어난 분으로 그 절의 운영이 이루어져야 바른 운영이 이루어진다. 그래서 선을 꽃피웠던 중국에서도 56조 석옥 청공 선사에 이르기까지 대대로 공부가 가장 많이 된 분인 조실이 주지를 겸하여 절 일을 보셨다.

조실과 주지가 다른 분이 아니었으니, 이판과 사판이 나뉘어지지 않았다.

이판을 운용하는 것이 사판이기 때문에, 이판과 사판은 본래 나뉠 수 없는 것이다. 이판에 있어서 깨달은 분이어야 하는 것처럼, 사변을 운용하고 다스리는 사판에 있어서도 다를 수 없다고 본다.

일체유심조, 마음이 세계를 빚어내듯 모든 이치를 운용하는 지혜가 있어야 사변에 있어서도 자유자재의 운영이 가능하기 때문이다.

일체 모든 진리를 설한 경전과 일체 모든 실천규범을 정한 율로 이사일치의 수행을 현실화했던 석가모니 부처님, 무위도식하거나 말로만 떠드는 수행을 경계하여 '일일부작이면 일일불식하라'는 승가의 규율을 통해 일상 그대로인 선을 꽃피우고자 했던 백장 선사, 생생히 살아 숨쉬는 불법의 역사 어디에도 이판과 사판이 나뉘었던 적은 없었다.

불법은 이름 그대로 부처님의 법이다.

부처님 당시의 법이 오늘에 되살려져, 항상한 이치가 응하여 모자람 없는 다양한 방편으로 변주되어, 만인의 삶이 불법의 가피와 축복 속에 꽃피고 열매 맺을 수 있도록, 불교 종단의 운영은 반드시 깨달아 일체종지를 통달한 분에 의해 이루어져야 한다고 본다.

조계종을 육조정맥종이라고 이름한 이유

불법이 석가모니 부처님으로부터 28대 달마 대사에 이르러 동토에 전해지고 다시 33조인 육조 대사에 의해 가장 활발하고 왕성한 황금시대를 이루었다. 그래서 우리나라의 정통 불교 종단에 조계종이라는 이름이 붙여진 것이다. 육조 대사께서 생전에 조계산에 주하셨고, 대부분의 선사들의 호로 계신 곳의 지명이나 산 이름으로 쓰였기 때문이다.

그러므로 조계종의 조계란 육조 대사를 의미하고, 조계종이란 결국 육조 대사의 법을 의미하며 조계종단은 육조 대사의 법을 받아 이어가는 종단이다.

그러나 조계는 육조 대사께서 정식으로 스승에게 받은 호가 아니다. 호는 당호라고도 하는데, 대부분 스승이 제자를 인가하며 주는 것이다. 종사와 법을 거량하여 종사로부터 인가를 받고 입실건당의 전법식을 할 때에 당호와 가사, 장삼, 전법게 등을 받는다. 이때, 위에서 말하였듯 주로 그가 살고 있는 절 이름, 또는 지명, 그가 거처하던 집 등의 이름을 취하여 호로 삼는 경우가 많다. 그런데 육조 대사께서 조계산에 주하시기는 하였으나 스승인 오조 홍인 대사는 육조 대사에게 조계라는 호를 내린 적이 없다. 또 육조 대사 역시 생전에 조계라는 호를 쓴 적이 없다.

대부분의 사전에 육조 대사를 조계 대사라고도 한다고 되어 있는데, 이것은 후대인들이 지어 부른 것이다. 만약 '조계'를 육조 대사를 지칭하는 공식적인 명칭으로 쓴다면 이것은 후대인들이 선대의 대선사의 호를 지어 부르는 격이 되니 참으로 예에 맞지 않다고 할 것이다.

이러한 이유에서 조계종이라는 이름이 불교종단의 정식이름으로 적합하지 않다고 보았고, 또한 육조 대사의 법을 이어받아 바르게 펴는 곳이라는 의미를 담기에 가장 적당하여 육조정맥종이라 이름하였을 뿐, 수덕사 문중 전강 선사님의 인가를 받아 석가모니 부처님으로부터 근대의 대선지식인 경허, 만공, 전강 선사로 이어진 법맥을 이은 이로서 따로이 새로운 종단을 설립한 것이 아니다. 그렇기에 출가함에 있어서 불필요한 논쟁의 소지를 없애기 위해 육조정맥종이라고 이름한 이유와 스스로 한 번도 결제, 해제, 연두법어를 내리지 않았던 까닭이 따로 새로운 종단을 설립한 것이 아니었기 때문이라는 것을 밝히는 바이다.

물 찾은 물고기

물속의 물고기가 물을 찾았을 때 물을 찾기 전과 다르다면 그것은 물 찾은 물고기가 아니다. 물을 찾기 전과 털끝만큼도 다름이 없어야 비로소 물 찾은 물고기라 할 것이다.

사무친 후에 참으로 변한 것이 털끝만큼도 없어야 바로 사무친 것이다. 다만 사무치기 전에는 가없는 자체가 나임을 모르고 그 몸뚱이를 나로 여기고 있었고, 사무친 후에는 가없는 자체가 나임을 깨달았을 뿐 달라진 것이 있을 수 없다.

불법은

불법은 첫째도, 둘째도, 셋째도 상(相) 없음을 근본으로 한다. 또한, 밖에서 자유와 행복을 구하는 것이 아니라 본래 지닌 스스로의 지혜, 능력을 발현하여 영원한 행복을 누리자는 것이다.

꿈

꿈도 꿈꿀 능력이 있어서 꿈꾸는 것이다. 꿈이 꿈인 줄 알면 환이 아닌 자성의 능력이라. 그래서 그대로가 화장세계이다.

공부를 힘있게 짓는다는 것

공부를 힘있게 짓는다는 것은 무언가 단단히 쥐고 짓는 것이 아니라 가장 편안한 데서 다 내려놓고 다만 끊어지지 않게끔 유지시키는 것이다. 그것이 가장 힘있고 가장 올바르게 짓는 것이다. 그렇게 지어갈 때 모든 이치가 다 밝아지고 그 안에서 모든 일이 다 이루어진다.

남의 종이 되라

나는 항상 제자들에게 가르치기를, 남의 종이 되겠다는 마음으로 살라고 한다. 남의 종이 되겠다고 마음 먹는 순간 안팎의 모든 마(魔)는 저절로 소멸된다. 아상이 없다면 사상(四相)이 있을 수 없고 사상 없는 가운데 남의 종이 되겠다는 하심과 자비심이면 어디에도 걸림이나 막힘이 없어 응하여 모자람이 없을 것이다.

신심

간절한 신심은 법을 바르게 아는 데에서 저절로 이루어진다. 깨달아 사무친 경지에 대한 확신은 최고의 신심이다. 나 자체가 그 신(信)이요, 신 자체가 바로 나 자체여서 신심명의 마지막 구절처럼 둘 아닌 신심으로 충만할 때 발심 역시 둘 아닌 가운데 한결같을 것이다.

이러한 신심과 발심은 성불지까지 이르게 하는 가장 큰 힘, 추진력이다. 깨닫지 못한 분에게 있어서는 불법에 대한 신심, 불보살님에 대한 신심, 선지식에 대한 신심, 불도를 닦는 일과 수행자들에 대한 신심이 깨달음에 이르는 힘이 된다 할 것이다.

오분향례

예불문 중 계향 · 정향 · 혜향 · 해탈향 · 해탈지견향을 오분향이라고 한다. 이 오분향을 공양하고 예를 올리는 것을 오분향례(五分香禮)라 부른다.

계향(戒香)은 마음에 그릇됨이 없는 것이다.
어떤 것이 마음에 그릇됨이 없는 것인가?
본성품을 여의지 않는 것이
곧 마음에 그릇됨이 없는 것이다.

정향(定香)은 본성품을 여의지 않아
경계에 흔들림이 없는 것이다.

혜향(慧香)은 계와 정을 갖추어서
어리석지 않은 것이다.

해탈향(解脫香)은 계와 정을 갖추어
어리석지 않아서
이러-히 모든 속박에서 벗어난 것이다.

해탈지견향(解脫知見香)은 본래 이러-해서
속박에서 벗어났다는 생각조차 없이
영위하는 것이다.

그러할 때 광명운대, 즉 온통 나 하나인 데에서 성성하고 활달한 그 자체여서 주변법계 이 광명이 삼천대천세계에 가득한 것이다

이러-한 마음으로 삼세 모든 불보살을 공경하는 마음으로 예를 할 때 참다운 예불이 되고 삼천대천세계의 모든 부처님께 공양이 된다.

상즉

모든 불성이 근본에 있어서 하나인 양 나뉨이 없는 것을 상즉이라 한다.

안팎이 없는 체성에 사무친 이 가운데 어떻게 가없는 이 가운데에서 내 불성, 네 불성이 있느냐고 하는 이가 있다. 이 선실에 수없는 연등불이 켜져 있는데 방 안에서 각각의 불빛을 가려낼 수는 없다. 그러나 한 등 끄면 끈 만큼, 켜면 켠 만큼 어두워지고 밝아진다. 이것이 각각의 등불빛을 가려낼 수는 없으나 제구실은 제각기 하고 있다는 증거이다. 이 방의 여러분들도 이와 같이 각각 심외무물의 경지에 사무쳐 변만해 있으나 서로간에 걸리고 장애됨이 없는 가운데 상즉해 있다.

우리의 불성은 등불과도 또 다르다. 등은 매달린 자리라도 따로 있지만 체성은 있는 자리도 따로 없이, 각각 제 구실을 제각기 하되 서로 걸림 없이 자유자재하다. 이것을 일러 불가사의한 묘유(妙有)의 세계라 하는 것이다. 여러분이 이 법문을 들으면서 수용하고 생각하는 것이 각각 서로 다른 가운데, 모두 안팎 없는 경지에 사무쳐 있지 않은가. 또한 그 가운데 걸림이 없지 않은가.

마음으로 살기 운동

인류 모두에게 당면한 일을
마음이 내가 된 삶으로 극복합시다
온 누리의 영장인 인류여
마음이 나인 삶을 살아야만이
그 어떤 극한의 재난 속에서도
영원한 삶 속에 참된 행복을 누릴 수가 있습니다
인류여, 마음이 나인 삶으로 전환해야만 합니다
우리 모두 마음이 내가 된 삶을 삽시다
'마음으로 살기 운동'을 전개합시다

자경(自警)

자경이란 마음이나 행동을 스스로 경계하여 주의하는 것이다.

최고의 스승은 자기 자신에게 있다. 자경이야말로 최고의 스승이 아닐 수 없다. '과연 이 순간에 생사의 기로에 놓인다면 스스로 호흡을 거두기를 뜻대로 자재할 수 있는가' 언제나 이렇게 비추어본다면, 깨달은 이라 해도 생사대사의 일을 마치는 날까지 머무를 수 없을 것이다.

보살행

자리이타의 보살행은 특별한 분만이 할 수 있는 것이 아니다. 수행자라면 누구나 자기 분상에서 한 걸음 더 나아가 베푸는 보살행이 있어야 한다. 이것이 부처님이 말씀하시는 대승, 최상승의 길이다. 한시도 머물지 말고 항상 움직여 써서 만인과 만물을 이롭게 하라.

희비송(喜悲頌)

이름도 없고 상도 없는 일 없는 사람이
태평의 노래를 흥에 취해 불렀더니
때도 없고 끝도 없는 구제의 일이
대천세계에 충만히 펼쳐졌네

無名無相無事人
太平之歌唱興醉
無時無端救濟事
大千世界布充滿

정신송(正信頌)

이름도 없고 상도 없는 이 바탕인 몸이여
이 바탕을 깨달은 믿음이라야 바른 믿음이라
이와 같은 믿음이 없이는 마음이 나라 말라
눈 광명이 땅에 떨어질 때 한이 만단이나 되리라

無名無相是地體
悟地之信是正信
若無是信莫心我
眼光落地恨萬端

진심송(眞心頌)

이름도 없고 상도 없는 이 진공이여
공이라는 공은 공이라 함마저도 없는 참 바탕이라
이와 같은 바탕이라야 이 공인 몸이니
이와 같은 몸이 아니면 참다운 마음이 아니니라

無名無相是眞空
空空無空是眞地
如是之地是空體
如是非體非眞心

업신송(業身頌)

업의 몸이란 것은 고통의 근본이요
업의 마음이란 것은 환란의 근본이니라
업의 행이란 것은 다툼의 근본이요
업의 일이란 것은 허망의 근본이니라

業身乃苦痛之本
業心乃患亂之本
業行乃鬪爭之本
業事乃虛妄之本

보림송(保任頌) 1

업의 몸을 다스리는 데는 계행이 최상이요
업의 마음을 다스리는 데는 인내가 최상이니라
계행과 인내로 잘 다스리면 보림이 순조롭고
보림이 잘 이루어지면 구경에 이르느니라

治業身之戒最上
治業心之忍最上
善治戒忍順保任
善成保任至究竟

보림송(保任頌) 2

육신의 욕망은 하나까지라도 모두 버려야 하고
육신을 향한 생각은 남음이 없이 버려야 하느니라
이와 같이 보림하면 업이 중한 사람일지라도
당생에 반드시 구경지를 성취하리라

肉身欲望捨都一
肉身向思捨無餘
如是保任重業人
當生必成究竟地

공성본질송(空性本質頌) 1

무극인 빈 성품의 본래 몸은
언어나 마음과 행위로 표현 못 하나
모든 부처님과 만물이 이로 좇아 생겼으며
궁극에는 일체가 돌아가 의지할 곳이니라

無極空性之本體
言語道斷滅心行
諸佛萬物從此生
窮極一切歸依處

공성본질송(空性本質頌) 2

혼연한 빈 바탕을 이름해서 무아라 하고
무아의 다른 이름이 이 무극이니라
유정 무정이 이로 좇아 생겼으며
궁극에는 일체가 돌아가 의지할 곳이니라

渾然空地名無我
無我異名是無極
有情無情從此生
窮極一切歸依處

공성본질송(空性本質頌) 3

이러-히 밝게 사무친 것을 이름해서 견성이라 하고
이 바탕에 밝게 사무쳐야 바르게 깨달은 사람이니
도를 닦는 사람은 반드시 명심해서
각자 관조하여 그릇 깨달음이 없어야 하느니라

如是明徹名見性
是地明徹正悟人
修道之人必銘心
各者觀照無非悟

명정오송(明正悟頌)

밝지도 어둡지도 않은 곳을 향해서
그윽한 본래의 바탕에 합하여야
이것을 진실한 깨달음이라 하는 것이니
그렇지 않다면 바른 깨달음이 아니니라

向不明暗處
冥合本來地
此是眞實悟
不然非正悟

무아송(無我頌)

중생들이 말하는 무아라는 것은
변하고 달라지는 나를 말하는 것이요
깨달은 사람의 무아는
변하지 않는 나를 말하는 것이다

衆生之無我
變異之言我
悟人之無我
不變之言我

태시송(太始頌)

탐착한 묘한 광명에 합한 것이 상을 이루었고
상에 집착하여 사는데서 익힌 것이 모든 업을 이루었다
업을 인해서 만반상이 생겨 나왔으며
만상으로 해서 만반법이 생겨 나왔다

貪着妙光合成相
執相生習成諸業
因業生出萬般象
萬象生出萬般法

21세기에 인류가 해야 할 일

이 사람은 1962년 26세 때부터 21세기에 인류에게 닥칠 공해문제, 에너지문제를 예견하고 대체에너지(무한원동기, 태양력, 파력, 풍력 등) 개발과 '울 안의 농법'을 연구하고 그 필요성을 많은 이들에게 이야기해 왔습니다.

당시에는 너무 시대를 앞서가는 이야기여서인지 일반인들이 수용하지 못하고 오히려 불신의 눈으로 바라보며 이 사람의 법마저 의심하였습니다. 하지만 현대에 있어서는 이것이 인류가 해결해야 할 가장 절박한 사안이 되어 있습니다.

'사막화방지 국제연대'를 설립한 것도 현재 인류가 해결해야 할 가장 절박한 지구환경문제를 이슈화시키고 그 해결책을 제시하여 재앙에 직면한 지구촌을 살리기 위해서입니다.

'사막화방지 국제연대'에서 추진하고 있는 사막화 방지, 지구 초원

화, 대체에너지 개발은 온 인류가 발 벗고 나서서 해야 할 일입니다.

첫 번째 사막화 방지에 있어서 기존에 해왔던 '나무심기 사업'은 천문학적인 예산과 많은 인력을 동원하고도 극도로 황폐한 사막화된 환경을 되살리는 데 실패하였습니다.

그래서 이 사람은 사막화 방지에 있어서는 '사막 해수로 사업'을 새로운 방안으로 제시하였습니다.

사막 해수로 사업은 사막화된 지역에 수도관을 매설하여 바닷물을 끌어들여서 염분에 강한 식물을 중심으로 자연생태계를 복원하는 사업입니다.

이것은 나무심기 사업으로 심은 나무들이 절대적으로 물이 부족하여 생존할 수 없었던 문제를 해결할 수 있는, 현재로서는 유일한 해결책입니다.

그러나 '사막화방지 국제연대'의 목적은 사막이 확장되는 것을 방지하자는 것이지 사막 전체를 완전히 없애자는 것은 아닙니다. 인체에서 심장이 모든 피를 전신의 구석구석까지 골고루 보내어 살아서 활동하게 하듯이 사막은 오히려 지구의 심장 역할을 하는 중요한 곳이기 때문입니다.

그래서 21세기에 있어서는 다만 사막의 확장을 방지할 뿐 아니라 사막을 어떻게 운용하느냐를 연구해야 합니다.

사막에 바둑판처럼 사방이 막힌 플륨관 수로를 설치하여 동, 서, 남, 북 어느 방향의 수로를 얼마만큼 채우느냐 비우느냐에 따라, 사막으로부터 사방 어느 방향으로든 거리까지 조절하여, 원하는 지역에 비를 내리게 하고 그치게 할 수 있습니다. 철저히 과학적인 데이터에 의해 이렇게 사막을 운용함으로써 21세기의 지구를 풍요로운 낙원시대로 만들어가야 합니다.

두 번째로 지구를 초원화할 수 있는 방안으로 3년간의 실험을 통해, 광활한 황무지 지역을 큰 비용을 들이거나 많은 인력을 동원하지 않고도 짧은 시간 내에 초지로 바꿀 수 있는 식물을 찾아냈습니다.

그것은 바로 '돌나물'입니다. 돌나물은 따로 종자를 심을 필요가 없이 헬리콥터나 비행기로 살포해도 생존, 번식할 수 있으며, 추위와 더위, 황폐한 땅에서도 살아남을 수 있는 생명력과 번식력이 강한 식물입니다.

지구환경을 되살리는 초지조성 사업에 있어서 이것이 큰 도움이 되리라 생각합니다.

세 번째의 대체에너지 개발에 있어서는 태양력, 파력, 풍력 등 1962년도부터 이 사람이 연구하고 얘기해왔던 방법들이 이미 많이 개발되어 실용화한 단계에 있습니다.

이 세 가지 일은 한 개인이나 한 국가가 할 수 있는 일이 아닙니다. 모든 국가가 앞장서서 전세계적인 사업으로 이루어져야 합니다. 모든 국가가 함께 하는 기금조성이 이루어져야 하고 기금조성에 참여한 국가는 이 시스템에 의한 전면적인 혜택을 입을 수 있도록 해야 합니다.

인류 모두가 지혜를 모아 이 일에 전력을 다한다면 인류는 유사 이래 가장 좋은 시절을 맞이하게 될 것이며, 만약 이 일을 남의 일인 양 외면한다면 극한의 재앙을 면할 수 없을 것입니다.

이 사람이 오래 전부터 얘기해왔던 '울 안의 농법'은 이미 미국 라스베이거스(Las Vegas)에서 30층짜리 '고층 빌딩 농장'으로 구현되었습니다. 그렇게 크게도 운영될 수 있지만 각자 자신의 집에서 이루어지는 '울 안의 농법'도 필요합니다.

21세기에 있어서 또 하나 인류가 만일의 사태를 대비해서 연구, 추진해야 될 일이 있다면 바닷속에서의 수중생활, 수중경작입니다.

지구 온난화가 심화될 경우, 공기가 너무 많이 오염될 경우, 바닷물이 높아져 살 땅이 좁아질 경우 등에 대비할 때, 인류는 우주에서의 삶보다는 바닷속에서의 삶을 준비해야 합니다. 왜냐하면 그것이 훨씬 수월하고 비용도 절감할 수 있기 때문입니다.

이렇게 깨달은 이는 이변적으로는 깨달음을 얻게 하여 영생불멸의 삶을 영위할 수 있도록 만인을 이끌어야 하며 사변적으로는 일반인이 예측할 수 없는 백 년, 천 년 앞을 내다보아 이를 미리 앞서 대비하도록 만인의 삶을 이끌어줘야 한다고 생각합니다.

불법의 뜻은 다만 진리 전수에만 있는 것이 아니니, 만인이 서로 함께 영원한 극락을 누릴 때까지 물심양면으로, 이사일여로 베풀어 교화해야 하기 때문입니다.

가슴으로 부르는 불심의 노래

여기에 실린 가사는 모두 농선 대원 선사님께서 직접 작사하신 것이다. 수행의 길로 들어서게끔 신심, 발심을 북돋아주는 가사로부터 수행의 길로 접어든 이의 구도의 몸부림이 담겨있는 가사, 대승의 원력을 발해서 교화하는 보살의 자비심과 함께 낙원세계를 누리는 풍류를 그려놓은 가사까지 한마디, 한마디가 생생하여 그 뜻이 뼛속 깊이 새겨지고 그 멋에 흠뻑 취하게 된다. 농선 대원 선사님께서는 거칠고 말초적인 요즘의 노래를 듣고 이러한 정서를 순화시키고자, 또한 수행의 마음을 진작시키고자 하는 뜻에서 이 가사들을 쓰셨다.

그래야지

1.
마음으로 물질로써
갖가지로 베푸는 것
생활화한 국민되어
이뤄내는 국가되세
그래야지 그래야지
얼씨구나 좀 더 좋다

그런 이웃 그런 나라
이뤄내서 사노라면
모든 나라 따르리니
그리되면 지상낙원
그래야지 그래야지
얼씨구나 좀 더 좋다

별중의 별 될 것이니
선조의 뜻 이룸이라
후손으로 할 일 해낸
자부심이 치솟누나
그래야지 그래야지
얼씨구나 좀 더 좋다

얼씨구야 절씨구야
좀 더 좋고 좀 더 좋다
얼씨구야 절씨구야
좀 더 좋고 좀 더 좋다

아리랑 아리랑 아라리요
아리랑 고개를 넘어간다

2.
그래야지 그래야지
혼자 삶이 아닌 세상
웬만하면 넘어가는
아량으로 살아가세
그래야지 그래야지
얼씨구나 좀 더 좋다

부딪히면 틀어져서
소통의 길 막히나니
그러므로 눈 감아줘
참는 것이 상책일세
그래야지 그래야지
얼씨구나 좀 더 좋다

걸린 생각 비워내서
한결같이 사노라면
복이되어 돌아옴을
실감할 날 있을 걸세
그래야지 그래야지
좀 더 좋고 좀 더 좋다

얼씨구야 절씨구야
좀 더 좋고 좀 더 좋다
얼씨구야 절씨구야
좀 더 좋고 좀 더 좋다

아리랑 아리랑 아라리요
아리랑 고개를 넘어간다

마음

1.
시작도 없는 마음
끝남도 없는 마음

온통으로 드러나
언제나 같이 있어

어떤 것도 가릴 수
전혀 없는 그 마음

고고하고 당당한
영원한 마음일세

아리랑 아리랑 아라리요
아리랑 고개를 넘어간다
청천 하늘에 잔별도 많고
요내 가슴에는 희망도 많다

2.
모두를 마음으로
시도를 뭐든 해봐

안되는 일 없어서
사는 데 불편없고

하고프면 하면 돼
뜻 펼치는 삶이니

즐겁고도 즐거운
누리는 삶이로세

아리랑 아리랑 아라리요
아리랑 고개를 넘어간다
청천 하늘에 잔별도 많고
요내 가슴에는 희망도 많다

사는게 아리랑 고개

1.
이 마음이 내가 되니
나고 죽음 본래 없고
이리 보고 저리 봐도
허공까지 내 몸일세
신기하고 신기하다
신기하고 신기해

이 마음이 내가 되니
안 되는 일 전혀 없어
잡된 생각 사라지고
두려움도 없어졌네
신기하고 신기하다
신기하고 신기해

이 마음이 내가 되니
끝이 없이 자유롭고
잠 못 이룬 괴로움과
공황장애 흔적 없네
신기하고 신기하다
신기하고 신기해

아리랑 아리랑
아라리요
아리랑 고개를 넘어왔다

2.
이 마음이 내가 되니
맘 먹은 일 순조롭고
살아가는 나날들이
마음광명 누림일세
신기하고 신기하다
신기하고 신기해

이 마음이 내가 되니
마음광명 누림이라
나날들이 평화롭고
자신감이 넘쳐나네
신기하고 신기하다
신기하고 신기해

이 마음이 내가 되니
대인관계 순조로와
일일마다 즐거웁고
웃음꽃이 피어나네
신기하고 신기하다
신기하고 신기해

아리랑 아리랑
아라리요
아리랑 고개를 넘어왔다

불보살의 마음

1.
자비, 그 자비는 눈물이었네
불나방이 불을 쫓듯 가는 이
그래도 못 잊어서 버리지 못해
저리는 저리는 가슴, 그 가슴 안고서
눈물, 피눈물로 저리 부르네

2.
자비, 그 자비는 눈물이었네
제 살 길을 저버리는 이들을
그래도 못 잊어서 버리지 못해
저리는 저리는 가슴, 그 가슴 안고서
눈물, 피눈물로 저리 부르네

나의 노래

1.
노세 노세 봄놀이하세
대천세계 이 봄 경치
한산 습득 친구 삼아
호연지기 즐겨볼까
얼씨구나 절씨구
아니나 즐기고 무엇하리

2.
노세 노세 봄놀이하세
걸음 쫓아 이른 곳곳
문수 보현 벗을 삼아
화엄광장 춤춰볼까
얼씨구나 절씨구
아니나 즐기고 무엇하리

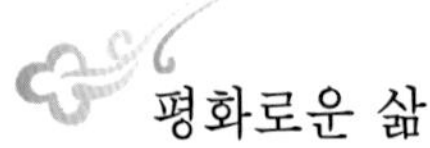

평화로운 삶

1.
이 몸을 나로 아는
하나의 실수로서
우주가 생긴 이래

얼마나 많은 고통
겪어들 왔었던가
치떨린 일이로세

뭘 해야 그 반복을
금생에 끊어버려
그 고통 벗어날까

생각코 생각하니
그 해결 내게 있네
마음이 나 된걸세

아리랑 아리랑 아라리요
아리랑 고개를 넘어간다
청천 하늘엔 잔별도 많고
이내 가슴엔 희망도 많다

2.
마음이 내가 되면
그 어떤 것이라도
더 이상 필요찮고

마음이 내가 되면
미묘한 갖은 공덕
스스로 갖춰 있고

마음이 내가 되면
그 모든 근심 걱정
씻은 듯 사라지고

마음이 내가 되면
이 생과 저 세상이
당초에 없는 걸세

아리랑 아리랑 아라리요
아리랑 고개를 넘어간다
청천 하늘엔 잔별도 많고
이내 가슴엔 희망도 많다

3.
마음이 내가 되면
어제와 내일 일을
눈 앞 일 알 듯하고

마음이 내가 되면
신분이 관계 없이
서로가 평등하며

마음이 내가 되면
모든 일 뜻을 따라
원만히 이뤄지고

마음이 내가 되면
걸림이 없는 그 삶
저절로 이뤄지네

아리랑 아리랑 아라리요
아리랑 고개를 넘어간다
청천 하늘엔 잔별도 많고
이내 가슴엔 희망도 많다

그리운 님

환갑 진갑 다 지난 삶 살다보니
석양 노을 바라보다 텅 빈 가슴
외로움에 철이 드나 생각나는
님이시여 이 몸마저 자유롭지
못한 괴롬 닥쳐서야 님의 말씀
들려오는 철없던 삶 후회하며
외쳐 찾는 님이시여 지는 해를
붙들고서 맘이 나된 삶으로써
나고 죽는 모든 고통 없는 삶을
누리라는 그 말씀이 빛이 되어
외쳐지는 님이시여 이제라도
실천 실행 하오리다 이끌어만
주옵소서 님이시여 내 님이여

잘 사는 게 불법일세

1.
잘 사는 게 불법일세
우리 모두 관음보살 지장보살 생활 속에 모시면서
마음 비운 나날들로 바른 삶을 하노라면
불보살님 가피 속에 뜻 이뤄서 꽃을 피운
그런 날이 있을 걸세

2.
잘 사는 게 불법일세
우리 모두 관음보살 지장보살 생활 속에 모시면서
마음 비워 살아가며 시시때때 잊지 않고
참나 찾아 참구하는 그 정성도 함께하면
좋은 소식 있을 걸세

3.
잘 사는 게 불법일세
우리 모두 관음보살 지장보살 생활 속에 모시면서
틈틈으로 회광반조 사색으로 참나 깨쳐
화장세계 장엄하고 얼쉬얼쉬 어울리며
영원토록 웃고 사세

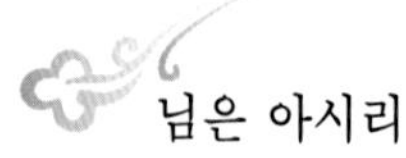

님은 아시리

1 부

1.
사계절의 풍광인들 위로되겠니
서사시의 음률인들 쉬어지겠니
뜻과 같이 되지 않아 기도에 젖은
이 마음 님은 아시리
한 세상 열정 쏟아 닦는 수행길
불보살님 출현하셔 베푼 자비에
모든 망상 모든 번뇌 없었으면 좋으련만
마음대로 안 되는 게 수행이더라, 수행이더라

2.
사계절의 풍광인들 위로되겠니
서사시의 음률인들 쉬어지겠니
뜻과 같이 되지 않아 기도에 젖은
이 마음 님은 아시리
청춘의 모든 욕망 사뤄버리고
회광반조 촌각 아낀 열정 쏟아서
이룬 선정 그 효력이 있었으면 좋으련만
마음대로 안 되는 게 보림이더라, 보림이더라

3.
사계절의 풍광인들 위로되겠니
서사시의 음률인들 쉬어지겠니
뜻과 같이 되지 않아 기도에 젖은
이 마음 님은 아시리
억겁의 모든 습성 꺾어보려고
갖은 노력 갖은 인내 온통 쏟아서
세월 잊은 보림 성취 있었으면 좋으련만
마음대로 안 되는 게 성불이더라, 성불이더라

2 부

1.
사계절의 풍광인들 비유되겠니
가릉빈가 음률인들 비교되겠니
뜻과 같이 자유자재 베풀어놓고
한없이 즐기시련만
그러한 대자유의 삶을 접고서
중생들을 구제하려 삼도에 출현
갖은 역경 어려움을 감내하는 자비로써
깨워주는 그 진리에 눈을 뜨거라, 눈을 뜨거라

2.
사계절의 풍광인들 비유되겠니
가릉빈가 음률인들 비교되겠니
뜻과 같이 자유자재 베풀어놓고
한없이 즐기시련만
억겁을 다하여도 끝이 없을 걸
알면서도 해내겠다 나선 님의 길
가시밭길 험난해도 일관하신 그 자비에
구류중생 깨달아서 정토 이루리, 정토 이루리

3.
사계절의 풍광인들 비유되겠니
가릉빈가 음률인들 비교되겠니
뜻과 같이 자유자재 베풀어놓고
한없이 즐기시련만
낙원의 모든 즐김 떨쳐버리고
삼악도를 낙원으로 이뤄놓겠다
촌각 아낀 그 열정에 모두 모두 감화되어
이 땅 위에 님의 소원 이뤄지리라, 이뤄지리라

선 승

토함산 소나무 위에
달빛도 조는데
단잠을 잊은 채
장승처럼 앉아있는
깊은 밤 선승의
그윽한 눈빛
고요마저 서지
못한 선정이라
대천도 흔적 없고
허공계도 머물 수 없는
수정 같은 광명이여,
화엄의 세계로세

우리 모두

우리 모두 만난 인생 즐겁게 살자
부딪치는 세상만사 웃으며 하자
인연으로 어우러진 세상사이니
풀어가는 삶이어야 하지 않겠니

몸종 노릇 하는 사이 맘 챙겨 살자
맑고 맑은 가을 허공 그렇게 비워
명상으로 정신세계 사무쳐보자
언젠가는 깨쳐 웃는 그날이 오리

한산 습득 껄껄 웃는 그러한 웃음
웃어가며 모든 일을 대하는 날로
활짝 펼쳐 어우러진 그러한 삶을
우리 모두 발원하며 즐겁게 살자

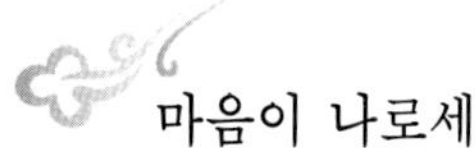

마음이 나로세

본래 마음이 나이건만
몸이 내가 된 삶이 되어
갖은 고통이 따랐다네
이리 쉽고도 쉬운 일을
어찌 등 돌린 삶으로서
고통 속에서 헤매는고

맘이 내가 된 삶으로서
갖은 고통이 없는 삶을
우리 누리고 살아보세
마음 수행을 모두 하여
나고 죽음이 없음으로
태평 세월을 누려보세

거룩한 만남

불법을 만난 건 행운 중 행운이고 내 생의 정점일세
거룩한 이 법을 만나는 사람이면 서로가 권하고 권을 하여
함께 하는 일상의 수행이 되어서 다 같이 누리는 낙원 이뤄
고통과 생사는 오간 데 없고 웃음과 평온만 넘치고 넘쳐
길이길이 끝이 없는 복락 누리세

여래의 큰 은혜 순간인들 잊으랴 수행해 크게 깨쳐
구제를 다함만 큰 은혜 갚음이니 노력과 실천 다해
우리 모두 씩씩한 낙원의 역군이 되어 봉화적인 이생의 삶으로써
최선을 다하여 부끄럼 없는 대장부로, 은혜 갚는 장부로
길이길이 끝이 없는 복락 누리세

사람다운 삶

1.
사람이 사람다운 사람이 되려면
명상으로 비우고 비워서
고요의 극치에 이르러
자신을 발견한 슬기로써
마음을 다스리는 연마 후에
그 능력으로 모두가 살아가야
평화로운 세상이 활짝 열려
모두 함께 누릴 걸세

2.
서로가 다툼 없이 서로를 아껴서
마음으로 베풀고 베푸는
사회로 이루어 간다면
낙원이 멀리만 있는 것이 아니라
살고 있는 이대로가 낙원이란 걸
모두가 실감하는
우리들의 세상이 활짝 열려
모두 함께 누릴 걸세

사는 목적

우리 모두 행복을 찾아 영원을 찾아
내면 향해 비춰보는 명상으로
앉으나 서나 일을 하나 최선을 다하세
하루의 해가 서산을 붉게 물들이고
합장 기도하여 또 다짐과 맹서의 말
뜻 이루어 이 세상의 빛이 돼서
구류를 생사 고해에서 구제하는 사람으로
영원히 영원히 살 것입니다

즐거운 마음

1.
우리 모두 선택받은 제자 되어
즐거운 맘 하나 되어 축하합니다
그 무엇을 이룬들 이리 좋으며
황금보석 선물인들 이만하리까
부처님의 가르침만 따르오리다
실천하리라 실천하리라

2.
부처님의 뒤 이을 걸 맹세하며
다짐으로 즐기는 맘 가득합니다
당당하게 행보하는 구세의 역군
혼신 다해 낙원 이룬 이 세계에서
함께 사는 즐거움을 생각하며
노래합니다 노래합니다

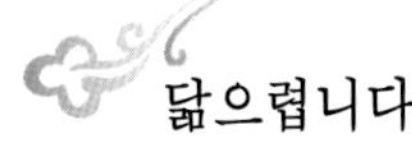

닮으렵니다

관세음보살 관세음보살
지극한 마음으로 닮으려고
오늘도 노력하며 주어진 일을 하면
하루가 훌쩍 가는 줄도 모른다오
관세음 관세음보살
님께서 베푸는 그 넓은 사랑을
이 맘 속에 기르고 길러서
실천하는 그런 장부 되어서
큰 은혜 갚을 겁니다

바른 삶 1

우리 삶을 두고서 허무하다 누가 말했나
본래 마음이 나 아닌가
그 마음 나를 삼아 살면 되지
지금도 늦지 않네 우리 모두
오늘부터 모두들 마음으로 나를 삼아
길이길이 웃고들 사세

바른 삶 2

1.
어디어디 어디라 해도
마음 찾아 바로만 살면
그곳 바로 극락이라네
세상분들 귀담아듣고
사람 몸을 가졌을 때에
모든 고비 극복해내서
참선으로 참나를 깨쳐
걸림 없는 해탈의 세상
누려보세 누려들 보세

2.
어두운 곳 태양이 뜨듯
중생계에 불타 출현해
바른 삶으로 인도하셔
복된 날을 기약케 하니
아니아니 좋고 좋은가
이 몸 주인 통쾌히 깨쳐
억겁 업을 말끔히 씻고
걸림 없는 해탈의 세상
누려보세 누려들 보세

수행과 깨침

1.
그릴 수도 없는 마음, 만질 수도 없는 마음
찾으려는 수행이라 모든 것을 다 버리고
모든 생각 비우기를 몇천 번이었던가
머리 터져 피 흘려도 멈출 수가 없는 공부
이 공부가 아니던가

2.
놓지 못해 우두커니 장승처럼 뭐꼬 하고 앉았는데
앞뒤 없어 몸마저도 공해버린 여기에서 이러-한 채
시간 간 줄 모른 채로 눈을 감고 얼마간을 지나던 중
한 때 홀연 큰 웃음에 화장계일세

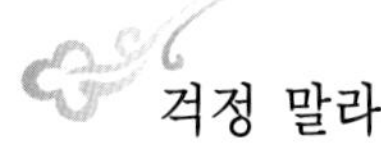

걱정 말라

1.
걱정 말라 걱정을 말라 불보살님 말씀대로만 행한다면
안 풀리는 일 없다 하지 않았던가
육근으로 보시를 하며 웃고 살자 웃고들 살자
백년 미만 우리네 인생, 세상 만사 마음먹기 달렸다고
일러주시지 않았던가 걱정을 말라

2.
이리 봐도 저리를 봐도 모두모두 내 살림일세
간섭할 수 없는 내 살림 아니아니 그러한가
이리 펼치고 저리 펼쳐 육문으로 지은 복덕
베푸는 맛이 아니 좋은가 우리 사는 지구인 별 함께 가꿔
낙원으로 만들어서 살아들 보세

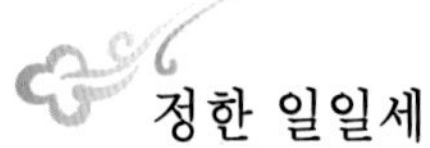

정한 일일세

우리네 삶이란 것
풀끝 이슬 아니던가
서로서로 위로하고 아끼면서
우리 모두 착한 삶이
이어져 가노라면
언젠가는 행복한
그날이 우리에게
찾아오는 것 정한 일일세
찾아오는 것 정한 일일세

여기가 낙원

참나 찾아 영원을 향해
한눈 안 팔고 노력하고
가정 위해 사회를 위해
뛰고 뛰고 혼신을 다한
나의 노력 결실이 되어
일상에서 누리는 나날
선 자리가 낙원이 되니
초목들도 어깨 춤추고
산새들도 축하를 하네

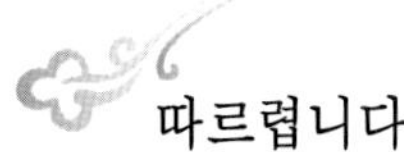

따르렵니다

1.
우리 모두 합장 공경 하옵니다
크고 작은 근심 걱정 씻어주려
우릴 찾아 오셨으니 감사합니다 고맙습니다

2.
우리 모두 손에 손을 맞잡고서
즐거웁게 노래하고 춤을 추며
우리에게 오신 님을 경하합니다 축하합니다

3.
우리들의 깊은 잠을 깨워주셔
영생불멸 낙원의 삶 누리게끔
해주시려 오신 님을 공경합니다 따르렵니다

옛 고향

고향 옛 고향이 그리워 거니는 산책에
고요한 달빛 휘영청 밝고 밤새는
그 무슨 생각에 저리 부르는 노래인데
숲 타고 온 석종소리에 열리는 옛 내 고향
그리도 캄캄하던 생각들은 흔적도 없고
고요한 마음 옛 고향 털끝만큼도
가리운 것이란 없었는데
어찌해 그 무엇에 어두웠던고 고향길 옛 내 고향
나는 따르리라 끝없는 일이라 하여도
님 하신 구제 고난과 역경
그 어떤 어려움 닥쳐도
님 하시는 일이라면 멈추는 일 없을 것일세
이것만이 보은이라네 보은이라네

지장보살

지장보살 두 눈의 흐르는 눈물
마르실 날 언제일까 생각하고 또 생각해도
이 세상의 사람들이 멀어지게만 하고 있네요
보살님 어찌해야 하오리까
반야의 실천으로 최선 다해 돕는다면
안 되는 일 있으리까
대원본존 지장보살 나무 지장보살
얼씨구나 절씨구나 한 판 놀음 덩실덩실 살아들 보세

곰탱이

곰탱이 곰탱이 미련 곰탱이
세상 사람 요구 따라 다 들어준
사람더러 곰탱이라네
요구 따라 따지지 않고
들어주기 바쁜 이를 놀려대며 하는 말
곰탱이 곰탱이 미련 곰탱아
그리 살다간 끝내는 빌어먹을 쪽박마저
없겠구나 미련 곰탱아
그래도 덩실덩실 추는 춤을
보며 깔깔 웃는 사람들아
웃는 자신 모르니 서글퍼 내 하는 말
한 판의 꿈속이라 천금만금 쓸데없네
깔깔 웃는 그 실체를 자신 삼아 사는 삶이 되길
바라고 바라는 곰탱이 춤이로세

나는 바보

나는 바보다 나는 바보야
역지사지 알다보니 바보가 되었네
그렇지만 내 주위는 언제나 웃음이 있고
나눔이 있어 행복하다네
나는 나는 그런 바보야
나는 나는 그런 바보야

즐겁게 살자

나를 찾아 행복을 찾아
내면 향한 명상으로 비춰보며
오늘도 최선을 다한 하루해가 져가네
노을빛 곱게 물이 들고 내 꿈도 이뤄져간다
생각만 하여도 보람찬 미소를 짓는다
세상만사 별것이더냐
서로서로 도와가며 살면서
틈틈이 내면 향한 명상으로
몸 건강 마음 건강 챙기며 사노라면
참나 깨친 박장대소도 짓고
세상 고별 마음대로 하는 날도 있을 걸세
그런 날을 기대하며 일하고 명상하며
하루하루 즐겁게 살자

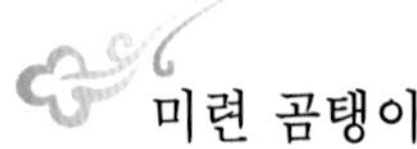

미련 곰탱이

나는 나를 모르는 곰탱이 곰탱이 미련 곰탱이
나라는 나를 보고 듣는 그거라고 보여주듯 일러줌에
동문서답 일관하는 곰탱이 곰탱이 미련 곰탱이
그러므로 성현들의 천하태평 무릉도원 못 누리고
고생고생 살아가는 곰탱이 곰탱이 미련 곰탱이
그런 삶을 면하려면 나라는 나를 깨달아라
자상하게 이끈 말씀 이행 못한 곰탱이 곰탱이 미련 곰탱이
귀천 없이 이끌어서 선 자리가 안양낙원 되게 하신
말씀을 이행 못한 곰탱이 곰탱이 미련 곰탱이
궁전 낙을 저버리시고 고행 수도 다하셔서
나란 나를 깨침으로 영생의 낙원으로 이끄셨네
이 기회를 놓친다면 다시 만나기 어려웁고 어려우니
칠야삼경 봉화 같은 그 지혜의 광명 받아
각자 것이 되게 하란 그 말씀을
실행 못한 곰탱이 곰탱이 미련 곰탱이
그 지혜의 이끔 받아 각자 경지 이러-히 되는 날엔
백사 만사 무엇이든 뜻대로 이뤄진다 권한 말씀
실행 못한 곰탱이 곰탱이 미련 곰탱이
눈앞의 그 작은 것 쫓다가 영원한 삶의 낙 놓치지 않으려면
나란 나를 꼭 깨달으란 귀한 말씀
실행 못한 곰탱이 곰탱이 미련 곰탱이
금구 성언 귀담아듣지 않고 흘려듣다간
백 년도 못 채운 후회막심 삶 되리니
새겨듣고 새겨들어 실천하란 그 말씀
실행 못한 곰탱이 곰탱이 미련 곰탱이
실천하여 깨닫고 박장대소 하는 날엔
삼세 성현 모두모두와 곰탱이 곰탱이가
누리 안은 광명 놓네 누리 안은 광명 놓아 삼창을 할 거라네

부처님의 말씀

부처님 말씀은 하나하나 자비더라
그러기에 불자들은 온화하고 선하더라
부처님 가르치는 이치는 흐르는 물이고
서늘한 산바람이며 봄꽃 향기요
심금을 울리는 연주요 노래요
포근한 어머니의 사랑이더라
바다처럼 넓고 넓은 자비의 품이더라
포근하고 온화한 그 가르침 하나하나
이치에 어긋남이 없으신 진실이더라
모두모두 다 함께 우리 모두 닮자구요
모두모두 다 함께 우리 모두 닮자구요
모두모두 다 함께 우리 모두 닮자구요
어쩌다 어쩌다 이런 가르침을 만났는지
이 다행 이 요행 헛되이 하지 않아
이 생에 깨달아서 이 크고 큰 은혜
갚는 일에 소홀하지 않으리라
감사합니다 감사합니다 우리 부처님
당신의 후예들마저도 유일하게
전쟁 같은 일들은 일으키지 않습니다
사랑하라 하면서 용서하라 하면서
사람이 사람을 죽이는 일
파리 목숨 취급하듯 하는 일이
있어서야 되겠습니까
혹시라도 이런 일이 종교에 있어서는
절대로 안 되는 일이라 믿습니다
관세음보살 나무아미타불
우리 모두 서로가 서로를 아끼고
사랑합시다 사랑합시다 사랑합시다

행복이란

즐거웁게 즐겁게
살아가면 좋잖아
한 번뿐인 인생인데
모두 활짝 웃어요
신이 나게 웃어요
행복이란 돈과 직위에
있는 것 아니라네
행복이란 그 어떤 마음으로
사느냐에 있다네
다 같이 다 같이 웃어들 봐요
그 웃음 타고 행복이 오네
짧은 인생살이 이렇게
만들어가며 살아들 보세

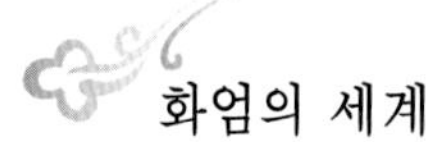

화엄의 세계

1.
각자 마음 깨닫고 봐요
누리 그 모두가 장엄이네 장엄, 빛의 장엄
어느 하나 마음의 장엄 아닌 게 없네, 없어
다함 없고 끝이 없는 보고 듣는 마음 하나 바로 쓰면
이대로가 무릉도원 화엄의 세계로세

2.
보고 듣고 느끼고 생각하는
그 모든 것 장엄이네 장엄, 빛의 장엄
어느 하나 빛의 장엄 아닌 게 없네, 없어
다함 없고 끝이 없는 보고 듣는 마음 하나 바로 쓰면
이대로가 화장세계 장엄의 세계로세

두고두고 할 일

아미타불 사유를 깊이깊이 하여서
하늘땅 생긴 이래 오늘에 이르도록
크나큰 은산철벽 너머 일처럼
까마득히 모르던 나를 깨달았으나
모양 빛깔 없어서 쥐어줄 수도
보여줄 수도 없는 일이라서
입은 옷 뒤집어 보이듯 못하니 한이구나
그러나 보고 듣고 하는 바로 그것이니
마음눈을 활짝 열어 듣는 그곳 향해 살펴봐요, 살펴봐
하늘땅이 간 곳 없고 자신까지 사라진 데서
듣고 아는 그것 내가 아니던가
깊이깊이 참구해서 참나 찾아 결정신을 내리게나
다생겁의 윤회 중에 몸종 노릇 허사란 걸 경험하지 않았던가
그 깨달음에 비추어 세상 일에 응해가며
보림수행하는 일에 방심하지 않아서
구경각을 성취 후에 모든 류를 구제해서
큰 불은 갚음만이 두고두고 할 일일세, 두고두고 할 일일세

서로서로 나누면서

버들 푸르고 꽃 만발하고 나비 춤이더니
녹음이 우거지고 매미들의 노래 가득한 천지
울긋불긋 고운 단풍 어제인 듯한데 눈이 오네
우리 모두의 삶 저러하고 저렇지 않던가
보기도 아까웁고 소중한 형제 자매들이니
서로서로 나누면서 짧은 우리네 삶을 즐김으로 살아가세

좀도 좋다

듣는 나를 알지 못해 생활하는 그 가운데
알고파서 명상한데 어허 참말 이럴수가
창피하고 창피하다 창피하고 창피해

듣는 그 곳 살펴보면 허공처럼 텅텅비어
어찌해야 옳을지를 어허 참말 이럴수가
창피하고 창피하다 창피하고 창피해

허공처럼 비었으나 그게 듣고 대답하니
그게 바로 내 아닐까 어허 참말 이럴수가
창피하고 창피하다 창피하고 창피해

그러다가 깨달으니 나고 죽음 본래없는
온통 온통 나로구나 얼씨구야 절씨구야
좀도 좋고 좀도 좋다 좀도 좋고 좀도 좋아

맘이 나 된 삶을 사니 낙원 따로 없는 것을
멍청하게 살았구려 얼씨구야 저절시구
좀도 좋고 좀도 좋다 좀도 좋고 좀도 좋아

꿈의 세계 창조했던 그 능력은 오직 하나
맘이 나된 때문일세 얼씨구야 저절시구
좀도 좋고 좀도 좋다 좀도 좋고 좀도 좋아

이 마음이 내가 되니 천리 만리 시차없고
아니된 일 전혀 없네 얼씨구야 저절시구
좀도 좋고 좀도 좋다 좀도 좋고 좀도 좋아

낙원의 삶 이 아닌가 영원의 삶 이 아닌가
맘이 나 된 삶을 사세 얼씨구야 저절시구
좀도 좋고 좀도 좋다 좀도 좋고 좀도 좋아

그 말씀

1.
님들의 고구정녕 그 말씀 맘에 새기세
그러면 오는 날엔 행복을 누리며
이웃들을 도우며 살리
개미처럼 개미처럼 개미처럼
개미처럼 개미처럼 개미처럼
개미처럼 개미처럼 개미처럼
이것저것 논하려 하지 말고 서로가
서로를 도와 세상을 이끄는 데 노력하면
이 세상의 그 어떠한 일일지라도
못 이룰 일 없을 것일세
꿀벌처럼 꿀벌처럼 꿀벌처럼
꿀벌처럼 꿀벌처럼 꿀벌처럼
꿀벌처럼 꿀벌처럼 꿀벌처럼

2.
님들의 가르침을 실행한 덕으로써
마음에 갖추어진 갖가지 능력을
부려 써서 누리는 삶을
개미처럼 개미처럼 개미처럼
꿀벌처럼 꿀벌처럼 꿀벌처럼
더불어 함께하면 별유천지 눈앞에 일이로세
이 모든 것이 참고 참아 극복해 이겨냈던
그 공덕의 결실이로세 그 공덕의 결실이로세
구름위의 백학처럼 구름위의 백학처럼 구름위의 백학처럼
함께누려 살아가세 함께누려 살아가세 함께누려 살아가세

일체유심조

듣는 나를 내가 보니 바탕 없는 그 몸에
갖은 묘용 지녀 있어 오고 감은 물론이요
일체 모두 지어내고 그걸 또한 응용하여
자유자재 그 능력 못하는 것 하나 없네
온 누리에 펼쳐놓고 어울려 누려사세
이리 좋은 자기능력 전혀 몰라 헤매이는
세상 사람 갖은 고통 몸종 노릇 결과이니
마음 나된 삶으로써 억겁 굴레 벗어나서
맘이 지닌 능력회복 한시 빨리 이루어서
영원한 본래 삶을 같이 누려 살아 가세
(아리랑후렴)

함께 이뤄 누립시다 함께 이뤄 누립시다
어화둥둥 좋고 좋아 얼씨구나 좋고 좋다
이 마음이 내가 된 삶 이렇게도 상상밖에
달라질 수 있을까 너무나도 달라져서
내자신이 놀라웁고 놀라워서 뭐라못해
조용하고 차분함 속 이 즐거움 말로 못해
온 누리를 선 자리서 볼 수 있는 능력이여
과거일을 알 수 있고 미래일을 예감하는
지혜능력 갖춰있어 실수란 것 없는 삶
꿈 세계도 창조하는 모두 지닌 능력이니
뜻 있으면 가능하니 이 아니 전능한가
(아리랑 후렴)

전능으로 베풀어서 모두 함께 즐겨가며
후세들을 깨우는 낙 함께 하는 삶이니
이 아니들 좀도 좋고 얼씨구나 좋고 좋다
이 능력과 이 힘이면 온 세상을 바꿔 놓는
그 어떠한 일이라도 어려울게 뭐 있으리
뜻 있으면 길이 있고 길 있으면 하면 되는
이리 좋은 그 방법이 맘이 나된 그거로세
이리 좋은 길을 두고 안할 사람 뉘 있으리
이 일만이 길이길이 행복누릴 길이로세
넓고 넓은 누리 정원 펼쳐 놓고 모두 함께
손에 손을 서로잡고 함께 누린 삶으로써
일상이 된 이런 삶이 맘이 나 된 결과로세
이런 일을 아니하고 그 무엇을 할것인가
모두 모두 맘이 나된 그 일 실천 꼭 하여서
태평세월 함께 누린 그런 삶을 누려보세
얼씨구나 좀도 좋고 절씨구나 좋고 좋다
(아리랑 후렴)

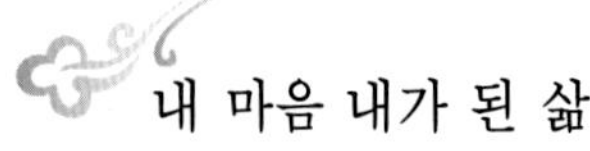

내 마음 내가 된 삶

1.
내 마음 내가 된 삶 모두들 살아봐요
신기하고 신기하다 신기하고 신기해(2번 반복)

내 마음 내가 되니 영원한 삶이로세
신기하고 신기하다 신기하고 신기해(2번 반복)

내 마음 내가 되니 안되는 일 없구나
신기하고 신기하다 신기하고 신기해(2번 반복)

아리랑 아리랑 아라리요 아리랑 고개로 넘어간다

2.
꿈 세계도 창조한데 무엇인들 안될건가
신기하고 신기하다 신기하고 신기해(2번 반복)

원근거리 상관없이 동시에 이르르니
신기하고 신기하다 신기하고 신기해(2번 반복)

산하석벽 걸림 없이 자유로이 오고가니
신기하고 신기하다 신기하고 신기해(2번 반복)

아리랑 아리랑 아라리요 아리랑 고개로 넘어간다

3.
상대방의 마음도 읽어낼 수 있으니
신기하고 신기하다 신기하고 신기해(2번 반복)

과거 현재 미래 일을 앞 일처럼 아는 능력
신기하고 신기하다 신기하고 신기해(2번 반복)

내 마음 내가 되면 이런 자유 누려사니
신기하고 신기하다 신기하고 신기해(2번 반복)

아리랑 아리랑 아라리요 아리랑 고개로 넘어간다

4.
온 누리의 모든 사람 이 행복을 누립시다
신기하고 신기하다 신기하고 신기해(2번 반복)

가족처럼 어우러져 모두 모두 누린 일상
신기하고 신기하다 신기하고 신기해(2번 반복)

이게 바로 낙원의 삶 누림이니 좋고 좋다
신기하고 신기하다 신기하고 신기해(2번 반복)

아리랑 아리랑 아라리요 아리랑 고개로 넘어간다

웃고 살자

1.

아하하하 우습다 아하하하 우스워 아하하하 우습다
제 그림자 모르고 저라 하는 사람 보고 아니 웃고 울랴
아하하하 우습다 아하하하 우스워 아하하하 우습다
여섯 도적 종노릇에 헌신하는 사람 보고 아니 웃고 울랴
아하하하 우습다 아하하하 우스워
저승세계 코앞인데 대비 없는 사람 보고 아니 웃고 울랴
아하하하 우습다 아하하하 우스워 아하하하 우습다
참나 찾지 아니하고 허송하는 사람 보고 아니 웃고 울랴
아하하하 우습다 아하하하 우스워 아하하하 우습다
아리랑 아리랑 아라리요
아리랑 고개를 넘어간다
나를 버리고 가시는 님은
십 리도 못 가서 되돌아온다

2.

좋은 인연 있었던가 거룩한 이 만나서 참나 찾은 이 행운이
즐겁고도 즐겁다 즐겁고도 즐거워 아하하하 즐겁다
이 행운을 나 혼자서 누리기에 아쉬워 인도하려 나섰는데
아라리요 아리랑 아라리가 났네
영원한 나 찾음으로 한순간에 성취한 낙원의 삶 권하나니
아하하하 우습다 아하하하 우스워 아하하하 우습다
즐겁고도 즐겁다 즐겁고도 즐거워 아하하하 즐겁다
우리 모두 다 함께 얼싸안고 누리는 그런 세상 노력하세
아리랑 아리랑 아라리요
아리랑 고개를 넘어간다
나를 버리고 가시는 님은
이내 가슴엔 희망도 많다

청천 하늘엔 잔별도 많고
이내 가슴엔 희망도 많다

사람 사는 이치

이 세상 사람들 사는 것
농부들 농사를 짓는 것과
조금도 다를 바 없는 이치이니
여러분 귀 기울여 들어보시오
얼씨구나 좋네 지화자 좋네 아니아니 그러한가

봄이 되면 깊이깊이 간직해 둔 씨곡식을
꺼내다 땅을 파고 다듬어서 골을 파고 뿌린 후에
오뉴월 찜더위에 구슬땀을 흘리면서
김을 매어 가꾸는 것은 엄동설한 추운 날에
사랑하는 부모님과 아내 자식들 모두
잘 지내게 하려는 깊은 뜻에서라네
얼씨구나 좋네 지화자 좋네 아니아니 그러한가

어떤 이가 말을 하기를 늘 현재만을 즐겁게 살자
강변함을 보았는데 좋은 말이기는 하지만
그 말은 자칫하면 희망이 없는 잘못된 말이라네
그러므로 내일을 위하여 오늘의 어려움을 즐기면서
밝게밝게 살아갑시다
얼씨구나 좋네 지화자 좋네 아니아니 그러한가

불법 공부

1.
이 세상 사는 분들께 권하오니 나를 찾는
이뭐꼬 화두 공부를 곰곰이 챙기고 챙겨
쉬지 않고 하다보면 하늘땅도 흔적 없이
사라지고 몸 없는 내가 환한 웃음 짓는 날이
있을테니 결정신을 내리어서 우리 함께
길이길이 누립시다

2.
불법 만난 이 다행을 그 무엇과 비교하랴
이 다행을 만났을 때 최선 다한 실행으로
금생에서 크게 깨쳐 불보살님 칭찬 받는
오후보림 필히 마쳐 중생 다한 그때까지
님의 은혜 갚을 것을 굳은 의지 맹서로써
다짐하고 다짐하세

3.
때가 없고 장소 없이 뜻을 따라 이뤄지는
이리 좋은 세상살이 본래부터 갖춰짐을
누리는 삶 우리 모두 일심동체 그리 되어
이 생 저 생 할 것 없이 얼씨구나 절씨구나
노래하고 춤도 추며 천생만생 누립시다
길이길이 누립시다

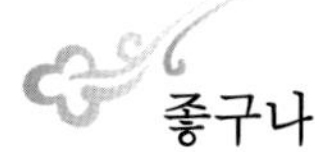

좋구나

좋구나
이곳이 어때서
낙원에 장소가 있나요

마음이 착하면
선 곳이 무릉도원
이런 삶이 참 삶이라네

미소를 지으며
손에 손을 잡고서
태평가를 모두들 불러요

우리들 이렇게
서로 만나 사는 것
백겁천생 인연이라네

세월아 맞춰라
내 즐기고 즐기며
함께하는 이들에게 위로를 하려네

불법

불법은 내게 있어 첫째도 둘째에도
내 삶의 이유이고 내 삶의 온통이며
마음의 광채이고 마음의 자비이며
자비의 실천이고 자비의 일상이며
희망의 꽃밭이고 희망의 피안이며
서원의 동력이고 서원의 자산이며
모두의 태평이고 모두의 영원일세

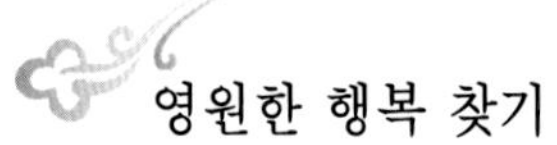

영원한 행복 찾기

1.
사람 사람마다
지닌 그 마음이
내가 된 삶으로
살아 가노라면
자연 알게 되네

둥글고 둥글게
모남없이 살자(3번 반복)

마음 먹은대로
하고 싶은대로
척척 이뤄지고
꿈을 창조하던
능력 부린 날도
멀지 않으리니

둥글고 둥글게
모남없이 살자(3번 반복)

노력 실천 다해
영원한 삶으로
영원한 행복을
함께 누려보세
함께 누려보세

둥글고 둥글게
모남없이 살자(3번 반복)

2.
사람 사람마다
맘을 깨달아서
맘이 내가 되면
평등 그 자체라
자연인이 되어

둥글고 둥글게
모남없이 살자(3번 반복)

서로 어울려서
나눈 인간미들
행복 그 자체며
오간 말들마다
온화한 그 체취

둥글고 둥글게
모남없이 살자(3번 반복)

차별없는 베풂
풍족한 맘이고
가족같은 일상
낙원의 이 삶을
함께 누려보세
함께 누려보세

둥글고 둥글게
모남없이 살자(3번 반복)

치유의 노래

1.
이 세상에 사는이여 맘이 나된
명상 한 번 해보기를 권하노니 생활하는
틈틈으로 실행하다 보노라면 산란한 맘 사라지고
대상없는 미소 속에 우울증과 신경성은 흔적없이 사라지니
내 내면의 무릉도원 누려 살게 될 것일세

2.
요즈음의 우울증과 신경성에 시달리는 모든 분들
사방에서 들려오는 모든 소릴 듣는 그 곳 비춰봐요
쉬운 일은 아니지만 포기 않고 실행하면 밖이 없는
고요롬의 그 세계서 체험하는 신천지의 행복누림
모두 함께 가져봐요

국민성

고마우신 우리국민
코로나를 이겨낸 지혜로써
그 어떤 그 어떤 어려움도
서로 돕는 격려와 인내 다해
이겨 낼거다 이겨 낼거다

조상에서 조상으로
이어져온 국민의 지혜로써
그 어떤 그 어떤 어려움도
힘을 모아 해내는 인내 다해
이겨 낼거다 이겨 낼거다

내 말 좀 들어봐요

모두모두 내 말 좀 들어봐요
이 몸이 내가 아니라 이 마음이 나 아닌가
살아가는 생활 속에 명상을 하여
이 맘 찾아 나를 삼아 살아들 봐요
모든 속박 모든 괴롬 벗어나는 아주 좋은 일이니
이제라도 안 늦으니 명상으로 뜻 이루어
영원한 생명, 영원한 행복 우리 모두 누려들 보세

사막화를 막고 사막 경영 시대를 열자
사막화로 급속히 변해가는 이 지구를
방치해선 아니 되네 방치하면
지구가 생긴 이래 최악의 상태 됨은
불을 보듯 뻔한 일일세, 하지만

육십 억의 온 인류가 한 마음 한 뜻 되어
황무지는 돌나물로 푸른 초원 만들고
확장되는 사막화를 배수관의 바닷물로 막는다면
지구가 생긴 이래 가장 살기 좋은 시대를
인류는 맞을 걸세

아리랑 아리랑 아라리요
아리랑 고개를 넘어간다
청천 하늘엔 잔별도 많고
이내 가슴엔 희망도 많다

효

1.
아들 딸이 귀엽고 사랑스런 그 속에 우리들의 부모님
어려움에도 끝내 가르치고 기른 정 이제 읽으며
늦은 눈물로써 불초를 뉘우치며 맹세하고 다짐하는
아들 딸이 여기 있으니, 건강히 오래만 사시기를
손 모아 손을 모아 간절하게 바라고 또 바라는
기도를 하옵니다 부모님 입이 귀에 걸리시게 할 겁니다

2.
어렵고도 어려운 보릿고개 그 속에 우리들을 먹이고
가르치느라 정말 그 얼마나 고생이 되셨습니까
허리 두 끈으로 졸라맨 아픔으로 사셨죠
정말정말 오래도록 건강하게만 계셔주신다면
아들 딸을 낳으시고 길러주신 그 노고에 크게 보답할 겁니다
아버님 어머님의 입이 귀에 걸리시게 할 겁니다

국민의 의지

뚫어라 뚫어 뚫어라 뚫어
그 어떤 난관의 벽이라도
뚫어라 뚫어 뚫어라 뚫어
그 어떤 문제의 벽이라도
뚫어라 뚫어 뚫어라 뚫어
나에겐 의지의 힘이 있다
뚫어라 뚫어 뚫어라 뚫어
중도의 하차는 없다 없어
뚫어라 뚫어 뚫어라 뚫어
성공이 존재할 뿐이로세
모두다 이루어 낼 것일세

사막은 지구의 심장

21세기는 사막 경영 시대를 열어
연구에 노력을 다한다면
지상 낙원이 인류에게 달려와서 맞을 걸세

육십 억의 온 인류가 손에 손잡고 한 뜻 되어
사랑하는 마음으로 역경을 헤쳐 나가
사막화를 막고 황무지를 초원으로
살기 좋은 지구촌을 이뤄보세
살기 좋은 지구촌을 이뤄보세

아리랑 아리랑 아라리요
아리랑 고개를 넘어간다
청천 하늘엔 잔별도 많고
이내 가슴엔 희망도 많다

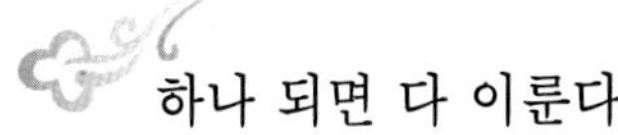

하나 되면 다 이룬다

1.
살자 살자 우리 함께 살자 살자 우리 뭉쳐
뭉친 힘이 발휘하면 못할 일이 없는거다
그 결과로 꽃이 피면 막힌 것은 없어지고
서로 나눈 나라되어 지상낙원 되는걸세

2.
살자 살자 세계 향해 살자 살자 인류위해
모두 함께 크게 뭉쳐 하나 되는 지구촌을
우리 함께 이루어서 다툼없는 삶으로써
얼싸 안고 함께 누린 지상 낙원 이뤄내세

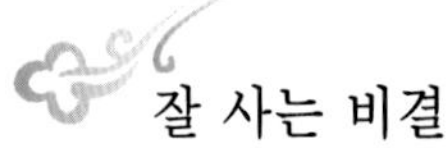

잘 사는 비결

참지 못한 결과는 어려움이 닥치고
참고 참는 결과는 좋은 일이 온다네
친구들아 모든 일 힘을 합쳐 맞으면
못 이룰 일 없지만
니 떡 너 먹고 내 떡 나 먹는 그럼 마음 쓴다면
될 일도 아니 된다네
우리 서로 뜻을 합쳐 모두모두 잘 살아보세
이미 이룬 과학문명 선용을 해서 용맹심을 내어
모든 일에 임한다면 행복이 줄을 서서 올 걸세
아리랑 아리랑 아라리요 아리랑 고개를 넘어간다
청천 하늘엔 잔별도 많고 이내 가슴엔 희망도 많다

용서한 결과로는 웃는 날을 맞이하고
베푼 뒤엔 참 좋은 이웃들이 생기네
친구들아 서로들 힘을 합쳐 임하면
못할 일이 없지만
니 떡 너 먹고 내 떡 나 먹는 그런 마음 쓴다면
될 일도 아니 된다네
오늘부터 뜻을 합쳐 우리 한번 잘 살아보세
이미 이룬 과학문명 선용을 해서 용맹심을 내어
모든 일에 임한다면 행복이 줄을 서서 올 걸세
아리랑 아리랑 아라리요 아리랑 고개를 넘어간다
청천 하늘엔 잔별도 많고 이내 가슴엔 희망도 많다

만들자

1.
빌딩숲의 실외기 열 오고가는 차 배기가스
사람소리 기계소리를 원림 속의 새소리와
개울소리 미풍소리 그것으로 만들자 만들자 만들자

2.
이익 따져 주고받는 설왕설래 어지러움
높고 낮은 금속음들을 매미소리 물소리와
노래하는 환경으로 우리 함께 만들자 만들자 만들자

3.
하늘 맑고 별이 빛난 조용하고 시상 뜨는
그런 환경 거닐면서 손에 손을 마주 잡고
노래하는 세상으로 우리 함께 만들자 만들자 만들자

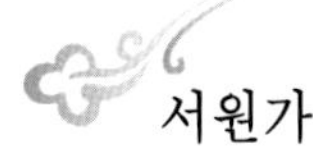

서원가

1.
참나를 깨달아서 보림을 하고
다가올 내 앞날의 서원이라네
기어코 육바라밀 성취를 하여
불보살님 큰 은혜에 보답하면서
영원히 구제의 길 나는 가리라

2.
보살의 가는 길이 험난타 해도
맹세코 초지일관 서원이라네
구류를 그릇 따라 깨닫게 하여
스승님의 큰 은혜에 보답하면서
영원히 구제의 길 나는 가리라

정직하고 착한마음

1.
정직하고 착한마음 우리모두 실천하면
먼저 가정 화평하고 웃음 꽃에 향내나며
이웃간에 믿음 깊어 서로 소통 이뤄져서
나라위한 일이라면 솔선수범 모두하고
서로 믿는 사회여서 안되는 일 없을걸세
서로 믿고 웃는 사회 우리 모두 힘 모아서
낙원 나라 이뤄내어 세계 이끈 나라 되세

2.
정직하고 착한 행동 우리 모두 실천하면
믿는 마음 두터워져 서로서로 돕게 되고
그리되면 힘 모아서 일일마다 쉬 이뤄져
앞서가는 나라되고 대접받는 국민되어
곳곳에서 우러르는 그런 국민 될 것일세
서로 믿고 웃는 사회 우리 모두 힘 모아서
낙원 나라 이뤄내어 세계 이끈 나라되세

3.
이런 마음 이런 행이 우리 조상 바탕이니
우리 국민 이뤄내어 봉화적인 나라로써
지구촌을 낙원으로 이뤄내는 나라되어
가는 곳곳 우러르는 그런 국민 그런 나라
그런 조상 그런 사상 꽃 피우는 국민 되세
서로 믿고 웃는 사회 우리 모두 힘 모아서
낙원 나라 이뤄내어 세계 이끈 나라 되세

이때 우리는

1.
화산의 폭발로 해서 사람들과 모든 것이 용암펄로 화해버린
이 막막한 우리들을 올바르게 영원으로 끌어주실
성인 중의 성인이신 불보살님 나라에 가 나는 게 꿈이네

2.
태풍이 인가를 덮쳐 다정했던 이웃들은 간 곳 없고
어지러운 벌판 되어 처참하고 참담하기 그지없는 무상한
이 현실에 의지할 분, 생명 밝혀 영원케 한 부처님 뿐이네

3.
지진이 우리의 삶을 삼켜버려 초토화가 되어버린
허망하기 그지없는 우리들의 현실에선 사방천지 둘러봐도
의지해야 할 분은 자신 깨쳐 누리라 한 부처님 뿐이네

발심가

1.
우리네 한세상 보람찬 삶으로
바꾸기 위하여 닦아들 봅시다
청춘 홍안이 얼마나 길던가
꿈꾸는 사이에 백발이 된다네

2.
참나를 깨달아 보림을 하고요
자비심 발하여 구제길 나서서
중생들 세계에 고통을 없애서
극락이 되도록 최선을 다하세

3.
본연한 몸의 능력을 베풀어
극락세계 장엄을 하고요
둥실 두둥실 누리기 위하여
오늘의 어려움 극복을 해내세

4.
눈 깜박 하는 새 한세상 다 가고
부귀와 공명은 잠시의 꿈이라
이러한 되풀이 금생에 끝내어
윤회의 사슬에서 벗어나 납시다

도서출판 문젠(Moonzen Press)의 책들

출간 도서

바로보인 전등록 전 5권
바로보인 무문관
바로보인 벽암록
바로보인 천부경 · 교화경 · 치화경
바로보인 금강경
세월을 북채로 세상을 북삼아
영원한 현실
바로보인 신심명
바로보인 환단고기 전 5권
바로보인 선문염송 전 30권
앞뜰에 국화꽃 곱고 북산에 첫눈 희다
바로보인 증도가
바로보인 반야심경
선을 묻는 그대에게 1 · 2
바로보인 선가귀감
바로보인 법융선사 심명
주머니 속의 심경
바로보인 법성게
달다 -전강 대선사 법어집
기우목동가
초발심자경문
방거사어록
실증설
하택신회대사 현종기
불조정맥 - 한 · 영 · 중 3개국어판
바른 불자가 됩시다
누구나 궁금한 33가지
108진참회문 - 한 · 영 · 중 3개국어판
달마의 일할도 허락지 않는다
마음대로 앉아 죽고 서서 죽고
화두 3개국어판 - 한 · 영 · 중
바로보인 간당론
완전한 우리말 불공예식법
바로보인 유마경
실증설 5개국어판 - 한 · 영 · 불 · 서 · 중
누구나 궁금한 33가지 3개국어판 -한 · 영 · 중
달마의 일할도 허락지 않는다 3개국어판 - 한 · 영 · 중
법성게 3개국어판 - 한 · 영 · 중
정법의 원류
바로보인 도가귀감
바로보인 유가귀감
화엄경 81권
바로보인 전등록 전 30권

출간예정 도서

바로보인 능엄경 제6권
바로보인 원각경
바로보인 육조단경
바로보인 대전화상주 심경
바로보인 위앙록
해동전등록 전 10권
말 밖의 말
언어의 향기
농선 대원 선사 선송집
진리와 과학의 만남
바로보인 5대 종교
금강경 야부송과 대원선사 토끼뿔
선재동자 참알 오십삼선지식
경봉선사 혜암선사 법을 들어 설하다
십현담 주해
불교대전
태고보우선사 어록

1. 바로보인 전등록 (전30권을 5권으로)

7불과 역대 조사의 말씀이 1,700공안으로 집대성되어 있는 선종 최고의 고전으로, 깨달음의 정수가 살아 숨쉬도록 새롭게 번역되었다.
464, 464, 472, 448, 432쪽.
각권 18,000원

2. 바로보인 무문관

황룡 무문 혜개 선사가 저술한 공안집으로 전등록, 선문염송, 벽암록 등과 함께 손꼽히는 선문의 명저이다. 본칙 48개와 무문 선사의 평창과 송, 여기에 역저자인 대원선사의 도움말과 시송으로 생명과 같은 선문의 진수를 맛보여 주고 있다.
272쪽. 12,000원

3. 바로보인 벽암록

설두 선사의 설두송고를 원오 극근 선사가 수행자에게 제창한 것이 벽암록이다.
이 책은 본칙과 설두 선사의 송, 대원선사의 도움말과 시송으로 이루어져, 벽암록을 오늘에 맞게 바로 보이고 있다.
456쪽. 15,000원

4. 바로보인 천부경

우리 민족 최고(最古)의 경전 천부경을 깨달음의 책으로 새롭게 바로 보였다. 이 책에는 81권의 화엄경을 81자에 함축한 듯한 천부경과, 교화경, 치화경의 내용이 함께 담겨 있으며, 역저자인 대원선사가 도움말, 토끼뿔, 거북털 등으로 손쉽게 닦아 증득하는 문을 열어 놓고 있다.
432쪽. 15,000원

5. 바로보인 금강경

대원선사의 『바로보인 금강경』은 국내 최초로 독창적인 과목을 내어 부처님과 수보리 존자의 대화 이면의 숨은 뜻을 드러내고, 자문과 시송으로 본문의 핵심을 꿰뚫어 밝혀, 금강경 전체를 손바닥 안의 겨자씨를 보듯 설파하고 있다.
488쪽. 15,000원

6. 세월을 북채로 세상을 북삼아

대원선사의 선시가 담긴 선시화집 『세월을 북채로 세상을 북삼아』는 선과 시와 그림이 정상에서 만나 어우러진 한바탕이다.
선의 세계를 누리는 불가사의한 일상의 노래, 법열의 환희로 취한 어깨춤과 같은 선시가 생생하고 눈부시게 내면의 소리로 흐른다.
180쪽. 15,000원

7. 영원한 현실

애매모호한 구석이 없이 밝고 명쾌하여, 너무도 분명함에 오히려 그 깊이를 헤아리기 어려운, 대원선사의 주옥같은 법문을 모아 놓은 법문집이다.
400쪽. 15,000원

8. 바로보인 신심명

신심명은 양끝을 들어 양끝을 쓸어버리는, 40대치법으로 이루어진, 3조 승찬 대사의 게송이다. 이를 대원선사가 바로 번역하는 것은 물론, 주해, 게송, 법문을 더해 통쾌하게 회통하고 자유자재 농한 것이 이 『바로보인 신심명』이다.
296쪽. 10,000원

9. 바로보인 환단고기 (전5권)

『바로보인 환단고기』 1권은 민족정신의 정수인 환단고기의 진리를 총정리하여 출간하였다. 2권에는 역사총론과 태초에서 배달국까지 역사가 실려 있으며, 3권은 단군조선, 4권은 북부여에서부터 고려까지의 역사가 실려 있다. 5권에는 역사를 증명하는 부록과 함께 환단고기 원문을 실었다. 344 · 368 · 264 · 352 · 344쪽. 각권 12,000원

10. 바로보인 선문염송 (전30권)

선문염송은 세계최대의 공안집이다. 전 공안을 망라하다시피 했기에 불조의 법 쓰는 바를 손바닥 들여다보듯 하지 않고는 제대로 번역할 수 없다. 대원선사는 전 공안을 바로 참구할 수 있게끔 번역하고 각 칙마다 일러보였다. 352 368 344 352 360 360 400 440 376 392 384 428 410 380 368 434 400 404 406 440 424 460 472 456 504 528 488 488 480 512쪽 각권 15,000원

11. 앞뜰에 국화꽃 곱고 북산에 첫눈 희다

대원선사의 선문답집으로 전강 · 경봉 · 숭산 · 묵산 선사와의 명쾌한 문답을 실었으며, 중앙일보의 <한국불교의 큰스님 선문답> 열 분의 기사와 기자의 질문에 대한 대원선사의 별답을 함께 실었다.
200쪽. 5,000원

12. 바로보인 증도가

선종사에 사라지지 않을 발자취로 남은 영가 선사의 증도가를 대원선사가 번역하고 법문과 송을 더하였다.
자비의 방편인 증도가의 말씀을 하나하나 쳐가는 선사의 일갈이야말로 영가 선사의 본 의중과 일치하여 부합하는 것이라 아니할 수 없다.
376쪽. 10,000원

13. 바로보인 반야심경

이 시대의 야부(冶父)선사, 대원선사가 최초로 반야심경에 과목을 붙여 반야심경 내면에 흐르는 뜻을 밀밀하게 밝혀놓고 거침없는 송으로 들어보였다.
264쪽. 10,000원

14. 선(禪)을 묻는 그대에게 (전10권 중 2권)

대원선사의 선수행에 대한 문답집.

깨달아 사무친 경지에 대한 밀밀한 점검과, 오후보림에 대한 구체적인 수행법 제시와, 최초의 무명과 우주생성의 원리까지 낱낱이 설한 법문이 담겨 있다.
280쪽, 272쪽. 각권 15,000원

15. 바로보인 선가귀감

선가귀감은 깨닫고 닦아가는 비법이 고스란히 전수되어 있는 선가의 거울이라 할 만하다. 더욱이 바로보인 선가귀감은 매 소절마다 대원선사의 시송이 화살을 과녁에 적중시키듯 역대 조사와 서산대사의 의중을 꿰뚫어 보석처럼 빛나고 있다.
352쪽. 15,000원

16. 바로보인 법융선사 심명

심명 99절의 한 소절, 한 소절이 이름 그대로 마음에 새겨두어야 할 자비광명들이다.

이 심명은 언어와 문자이면서 언어와 문자를 초월한 일상을 영위하게 하는 주옥같은 법문이다.
278쪽. 12,000원

17. 주머니 속의 심경

반야심경은 부처님이 설하신 경 중에서도 절제된 경으로 으뜸가는 경이다. 대원선사의 선송(禪頌)도 그 뜻을 따라 간략하나 선의 풍미를 한껏 담고 있다. 하루에 한 소절씩을 읽고 참구한다면 선 수행의 지름길이 될 것이다.

84쪽. 5,000원

18. 바로보인 법성게

법성게는 한마디로 화엄경의 핵심부를 온통 휜출히 드러내놓은 게송이다. 짧은 글 속에 일체의 법을 이렇게 통렬하게 담아놓은 법문도 드물 것이다.
이렇게 함축된 법성게 법문을 대원선사가 속속들이 밀밀하게 설해놓았다.

176쪽. 10,000원

19. 달다 - 전강 대선사 법어집

이제는 전설이 된 한국 근대선의 거목인 전강 선사님의 최상승법과 예리한 지혜, 선기로 넘쳤던 삶이 생생하게 담겨 있는 전강 대선사 법어집 〈달다〉!
전강 대선사님의 인가 제자인 대원선사가 전강 대선사님의 법거량과 법문, 일화를 재조명하여 보였다.

368쪽. 15,000원

20. 기우목동가

그 뜻이 심오하여 번역하기 어려웠던 말계 지은 선사의 기우목동가!
대원선사가 바른 뜻이 드러나도록 번역하고, 간결한 결문과 주옥같은 선송으로 다시 보였다.

146쪽. 10,000원

21. 초발심자경문

이 초발심자경문은 한문을 새기는 힘인 문리를 터득하게 하기 위하여 일부러 의역하지 않고 직역하였다.
대원선사의 살아있는 수행지침도 실려 있다.
266쪽. 10,000원

22. 방거사어록

방거사어록은 선의 일상, 선의 누림을 보여주는 대표적인 선문이다. 역저자인 대원선사는 방거사어록의 문답을 '본연의 바탕에서 꽃피우는 일상의 함'이라 말하고 있다. 법의 흔적마저 없는 문답의 경지를 온전하게 드러내 놓은 번역과, 방거사와 호흡을 함께 하는 듯한 '토끼뿔'이 실려 있다.
306쪽. 15,000원

23. 실증설

이 책은 대원선사가 2010년 2월 14일 구정을 맞이하여 불자들에게 불법의 참뜻을 보이기 위해 홀연히 펜을 들어 일시에 써내려간 법문을 모태로 하였다. 실증한 이가 아니고는 설파할 수 없는 성품의 이치를 자문자답과 사제간의 문답을 통해 1, 2, 3부로 나눠 실증하여 보이고 있다.
224쪽. 10,000원

24. 하택신회대사 현종기

육조대사의 법이 중국천하에 우뚝하도록 한 장본인, 하택신회대사의 현종기. 세간에 지해종도(知解宗徒)로 알려져 있는 편견을 불식시키는 뛰어난 깨달음의 경지가 여기에 담겨있다. 대원선사가 하택신회대사의 실경지를 드러내고 바로보임으로써 빛냈다.
232쪽. 10,000원

25. 불조정맥 - 韓·英·中 3개국어판

석가모니불로부터 현 78대에 이르기까지 불조정맥진영(佛祖正脈眞影)과 정맥전법게(正脈傳法偈)를 온전하게 갖춘 최초의 불조정맥서. 대원선사가 다년간 수집, 정리하여 기도와 관조 끝에 완성한 『불조정맥』을 3개국어로 완역하였다.
216쪽. 20,000원

26. 바른 불자가 됩시다

참된 발심을 하여 바른 신앙, 바른 수행을 하고자 해도, 그 기준을 알지 못해 방황하는 불자님들을 위해 불법의 바른 길잡이 역할을 하도록 대원선사가 집필하여 출간하였다.
162쪽. 10,000원

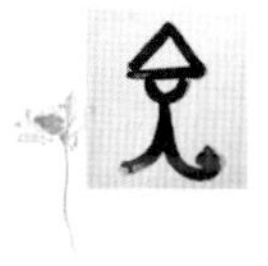

27. 누구나 궁금한 33가지

21세기의 인류를 위해 모든 이들이 가장 어렵고 궁금해 하는 문제, 삶과 죽음, 종교와 진리에 대한 바른 지표를 제시하고자 대원선사가 집필하여 출간하였다.
180쪽. 10,000원

28. 108진참회문 - 韓·英·中 3개국어판

7불로부터 52세대까지 1,701명 선지식의 깨달음의 진수가 담긴 전등록 30권에 농선 대원 선사가 선리(禪理)의 토끼뿔을 더해 닦아 증득하는데 도움이 되도록 하였다.
288쪽. 각권 15,000원

29. 달마의 일할도 허락지 않는다

대원선사의 짧고 명쾌한 법문집.
책을 잡는 순간 달마의 일할도 허락지 않는 선기와 맞닥뜨리게 될 것이다. 때로는 하늘을 찌를 듯한 기세와, 때로는 흔적 없는 공기와도 같은 향기를 일별하기를…
190쪽. 10,000원

30. 마음대로 앉아 죽고 서서 죽고

생사를 자재한 분들의 앉아서 열반하고 서서 열반한 내력은 물론 그분들의 생애와 법까지 일목요연하게 수록해놓았다.
446쪽. 15,000원

31. 화두 3개국어판 - 韓 · 英 · 中

『화두』는 대원선사의 평생 선문답의 결정판이다. 생생하게 살아있는 선(禪)을 한 · 영 · 중 3개국어로 만날 수 있다. 특히 대원선사의 짧은 일대기가 실려 있어 그 선풍을 음미하는 데에 큰 도움을 주고 있다.
440쪽. 15,000원

32. 바로보인 간당론

법문하는 이가 법리를 모르고 주장자를 치는 것을 눈먼 주장자라 한다. 법좌에 올라 주장자 쓰는 이들을 위해서 대원선사가 간당론에서 선리(禪理)만을 취하여 『바로보인 간당론』을 출간하였다.
218쪽. 20,000원

33. 완전한 우리말 불공예식법

부처님께 공양을 올리고 불보살님의 가피를 구하는 예법 등을 총칭하여 불공예식법이라 한다. 대원선사가 이러한 불공예식의 본뜻을 살려서 완전한 우리말본 불공예식법을 출간하였다.
456쪽. 38,000원

34. 바로보인 유마경

유마경은 불법의 최정점을 찍는 경전이라 할 것이니, 불보살님이 교화하는 경지에서의 깨달음의 실경과 신통자재한 방편행을 보여주는 최상승 경전이다. 대원선사가 〈대원선사 토끼뿔〉로 이 유마경에 걸맞는 최상승법을 이 시대에 다시금 드날렸다.
568쪽. 20,000원

35. 실증설
5개국어판 - 韓 · 英 · 佛 · 西 · 中

대원선사가 불법의 참뜻을 보이기 위해 홀연히 펜을 들어 일시에 써내려간 실증설! 실증한 이가 아니고는 설파할 수 없는 도리로 가득한 이 책이 드디어 영어, 불어, 스페인어, 중국어를 더하여 5개국어로 편찬되었다.
860쪽. 25,000원

36. 누구나 궁금한 33가지
3개국어판 - 韓 · 英 · 中

누구라도 풀어야 할 숙제인 33가지의 의문에 대한 답을 21세기의 현대인에게 맞는 비유와 언어로 되살린 『누구나 궁금한 33가지』가 한글, 영어, 중국어 3개국어로 출간되었다.
408쪽. 15,000원

37. 달마의 일할도 허락지 않는다 3개국어판 - 韓 · 英 · 中

대원선사의 짧고 명쾌한 법문집인 『달마의 일할도 허락지 않는다』가 한글, 영어, 중국어 3개국어로 출간되었다. 전세계에서 유일하게 활선의 가풍이 이어지고 있는 한국, 그 가운데에서도 불조의 정맥을 이은 대원선사가 살활자재한 법문을 세계로 전하고 있는 책이다.
308쪽. 15,000원

38. 화엄경 (전81권)

대원선사는 선문염송 30권, 전등록 30권을 모두 역해하여 세계 최초로 1,463칙 전 공안에 착어하였다. 이러한 안목으로 대천세계를 손바닥의 겨자씨 들여다보듯 하신 불보살님들의 지혜와 신통으로 누리는 불가사의한 화엄세계를 열어 보였다.
각권 15,000원

39. 법성게 3개국어판 - 韓 · 英 · 中

법성게는 한마디로 화엄경의 핵심부를 훤출히 드러내 놓은 게송으로 짧은 글 속에 일체 법을 고스란히 담아 놓았다. 대원선사의 통쾌한 법성게 법문이 한영중 3개국어로 출간되었다.
376쪽. 15,000원

40. 정법의 원류

『정법의 원류』는 불조정맥을 이은 정맥선원의 소개서이다. 정맥선원은 불조정맥 제77조 조계종 전강 대선사의 인가 제자인 대원 전법선사가 주재하는 도량이다. 『정법의 원류』를 통해 정맥선원 대원선사의 정맥을 이은 법과 지도방편을 만날 수 있다.
444쪽. 20,000원

41. 바로보인 도가귀감

도가귀감은, 온통인 마음〔一物〕을 밝혀 회복함으로써, 생사를 비롯한 모든 아픔과 고를 여의어, 뜻과 같이 누려서 살게 하고자 한 도교의 뜻을, 서산대사가 밝혀놓은 책이다. 대원선사가 부록으로 도덕경의 중대한 대목을 더하고, 그 대목대목마다 결문(決文)하였다.
218쪽. 12,000원

42. 바로보인 유가귀감

유가귀감은 서산대사가 간추려놓은 구절로서, 간결하지만 심오하기 그지없으니, 간략한 구절 속에서 유교사상을 미루어볼 수 있게 하였다. 대원선사가 그 뜻이 잘 드러나게 번역하고 그 대목대목마다 결문(決文)하였다.
236쪽. 15,000원

43. 바로보인 전등록 (전30권)

7불로부터 52세대까지 1,701명 선지식의 깨달음의 진수가 담긴 전등록 30권에 농선 대원 선사가 선리(禪理)의 토끼뿔을 더해 닦아 증득하는데 도움이 되도록 하였다.
288쪽. 각권 15,000원

농선 대원 선사 법문 mp3 주문 판매

* 천부경 : 15,000원
* 신심명 : 30,000원
* 현종기 : 65,000원
* 기우목동가 : 75,000원
* 반야심경 : 1회당 5,000원 (총 32회)
* 선가귀감 : 1회당 5,000원 (총 80회)
* 금강경 : 40,000원
* 법성게 : 10,000원
* 법융선사 심명 : 100,000원

농선 대원 선사 작사 CD 주문 판매

* 가슴으로 부르는 불심의 노래 1,2,3집
  각 : 1만 5천원
* 유튜브에서 채널 구독하시고 무료로
  찬불가 앨범을 감상하세요

주문 문의 ☎ 031-534-3373

유튜브에서 채널 구독하시고
무료로 찬불가 앨범을 감상하세요

유튜브에서 MOONZEN을 검색하시거나
아래의 주소로 접속해주세요

http://www.youtube.com/user/officialMOONZEN